蘇軾

嗨！有趣的故事

Hi! Story

司聃

【出版說明】

在文字出現以前，知識的傳遞方式主要就是語言，靠口耳相傳的方式記錄歷史與情感表達。人類的生活經歷、生命情感也依靠著「說故事」來「記錄」。是即人們口中常說的「傳說時代」。然而文字的出現讓「故事」不僅能夠分享，還能記錄，還能更好、更廣泛地保留、積累和傳承。

《史記》「紀傳體」這個體裁的出現，讓「信史」有了依託，讓「故事」有了新的準則：文詞精鍊，詞彙豐富，語言精切淺白；豐富的思想內容，不虛美、不隱惡。選擇人物一生中最有典型意義的事件，來突出人物的性格特徵，以對事件的細節描寫烘托人物的情感表現，用符合人物身份的語言，表現人物的神情態度、愛好取捨。生動、雋永而又情味盎然。

「故事」中的人物和事件，從來就是人類的「熱門話題」。她是茶餘飯後的趣味談資，是小說家的鮮活素材，是政治學、人類學、社會學等取之無盡、用之不竭的研究依據和事實佐證。

中國歷史上下五千年，人物眾多，事件繁複，神話傳說與歷史事實並存，正史與野史交錯互映，頭緒繁多，內容龐雜，可謂浩如煙海、精彩紛呈，展現了中華文化的源遠流長與博大精深。讓「故事」的題材取之不盡，用之不竭。而其深厚的文化底蘊如何呈現，怎樣傳承，使之重光，無疑成為《嗨！有趣的故事》出版的緣起與意趣。

《嗨！有趣的故事》秉持典籍史料所承載的歷史精神，力圖反映歷史的精彩與真實。深入淺出的文字使「故事」更為生動，更為循循善誘、發人深思。

《嗨！有趣的故事》以蘊含了或高亢激昂或哀婉悲痛的歷史現場，以對古往今來無數先賢英烈的思想、事蹟和他們事業成就的鮮活呈現，於協助讀者不斷豐富歷史視域和深度思考的同時，不斷獲得人生啟迪和現實思考、並從中汲取力量，豐富精神世界，在實現自我人生價值和彰顯時代精神的大道上，毅勇精進，不斷提升。

#【導讀】

蘇軾（一〇三七—一一〇一年），字子瞻、和仲，號東坡居士。四川眉州人，祖籍河北欒城，是北宋著名的文學家、書法家、畫家。

嘉祐二年（一〇五七年），蘇軾進士及第。神宗朝，蘇軾在鳳翔、杭州、密州、徐州、湖州等地任職。元豐三年（一〇八〇年），因新黨與舊黨的黨爭牽連，蘇軾於湖州知州任上被捕，繼而入臺獄，此為著名的「烏臺詩案」。之後，蘇軾被貶為黃州團練副使。哲宗即位後，高太后執政，蘇軾先後任翰林學士、侍讀學士、禮部尚書等職，並出知杭州、潁州、揚州、定州等地。元祐八年（一〇九三年）後，哲宗親政，重新啟用新黨執政，蘇軾又遭貶黜，暮年被貶於惠州、儋州。徽宗即位後，蘇軾獲大赦北歸，途中病逝於常州。宋高宗時追贈太師，宋孝宗時追謚「文忠」。

蘇軾才華橫溢、學識淵博，在詩詞、散文、書法、繪畫等方面都取得了很高的成就。蘇軾在文學方面的成就極其巨大，得到後人的一直推崇。蘇軾詩歌想像豐富，奇趣橫生，妙筆馳騁，文思如潮；在詞學創作方面，以詩文句法入詞，氣勢曠達豪邁，對詞格提升起到了巨大作用，也為後世詞的發展開拓了道路；蘇軾功力紮實，才情奔放，散文如行雲流水，揮放自如，位列「唐宋八大家」之一。此外，蘇軾的畫開創了文人畫的新道路，倡導詩情畫意的文人畫風格，在畫史上有著深遠影響。書法也極具開拓性，不同於唐人的法度嚴謹，蘇軾的書法有著自然素淡、渾然天成的美感。

蘇軾之所以名垂青史，不僅僅因為他是不世出的全才，更因為他有一顆赤子之心，將自己的深厚學養與人格魅力傾灑在所有他曾駐足的土地：居廟堂之高，心憂黎民；處江湖之遠，為善一方。即使在他生活困頓的貶謫時期，也有許多利民事蹟：被貶黃州時，蘇軾發現民眾有「溺嬰」惡習，寫信告知鄂州太守朱壽昌，建議對無力養兒的窮人予以救濟。獻計獻策之外，蘇軾身體力行，在黃州成立「救兒會」，擬訂章程，向富人募捐。被貶惠州時，他倡議築堤建橋，並推廣農業先進技術，教惠州人民使用「秧馬」等工具。晚年被貶海南儋州，蘇軾有感於當地人蒙昧落後，從思想上開導他們，「以詩書禮教轉化其風俗，變化其人心」。

若無高尚偉大的人格，便寫不出高尚偉大的文章。蘇軾正是以文學之天才、高尚偉大之人格流傳於世，成為一種獨特的文化精神象徵。

目錄

鳳翔初仕

一

皚皚大雪。

柳樹枝丫垂地，裹著晶瑩冰條。松柏堆滿了雪，風起時，蓬鬆的雪球散開，常迷住旅人的眼。

「天就要黑了，找個地方歇腳吧。」蘇軾從驢車裏探出頭，對趕車的人說。

「好啊，大人！前面就是澠池的僧舍，咱們就到僧舍裏歇腳吧！」車夫看向不遠處的破舊小寺。

小沙彌為蘇軾端上一盞熱茶：「小寺偏僻，飲食粗糙，施主不要見怪。」

蘇軾與小沙彌寒暄：「當年我與弟弟赴京應試時途經此地，與方丈相談甚歡，臨別時還曾在寺壁上題詩。今日方丈不在寺中嗎？」

小沙彌淡然地說：「老方丈幾年前圓寂了，施主昔年所題詩的寺壁，也在去年的大雪中坍塌了。」

蘇軾緘默無語，走出僧舍，來到那茫茫雪原中。

赴京趕考，和老僧對談，在寺壁上題詩，都恍如發生在昨天，卻都已煙消雲散，隨風而去。人生的一段段際遇，真像是雪地上的鴻鵠爪痕，雪化後，一切化為烏有。縱然遠飛的鴻鵠能回憶起往昔，卻已經物是人非。

蘇軾想了許久，百感交集。回到僧舍中，寫成一首詩寄給弟弟子由：

人生到處知何似，應似飛鴻踏雪泥。
泥上偶然留指爪，鴻飛那復計東西。
老僧已死成新塔，壞壁無由見舊題。
往日崎嶇還記否，路長人困蹇驢嘶。

二

到達鳳翔，接風筵席上的燒羊肉與美酒沖淡了蘇軾在路上的感慨。

鳳翔在終南山北，屬宋代最西邊的陝西路，越過慶州便是西夏國。唐代適宜放牧的州縣此時盡屬北方的遼和西夏所有，北宋缺少幅員廣闊的草原，中原羊肉的價格居高不下。蘇軾見到滿桌的燒羊肉，不由咋舌。一旁同僚笑道：「此處距離西夏不遠，党項人與我大宋互市，幾斤茶葉就能換一頭羊。蘇賢良，你既然來了鳳翔，先嚐嚐胡地的燒羊肉！」

燒羊肉噴香撲鼻，蘇軾嚐了一口，軟爛鮮美遠甚於汴京燒羊肉，索性將湯汁也喝得乾乾淨淨，又大飲三盞柳林酒，連聲稱讚：「好羊！好酒！」

同僚們見蘇軾也是性情中人，言語中又親近了幾分：「蘇賢良，自從知道你要來鳳翔任簽判，我們這群人天天翹首期盼啊。能與蘇賢良共事，我們是多麼榮幸！」

進士及第後，蘇軾便回川為母丁憂，三年後重回京城參加制科考試，位列「賢良方正能直言極諫」科第三等。制科考試共分五等，一二等為虛設，第三等便是最好成績。蘇軾雖剛到任，但鳳翔的同僚、文士們早已知曉他的大名，都存了結交之心。他們見蘇軾才華橫溢，又知道他受歐陽修賞識，既恭敬又豔羨，見蘇軾時都不按例稱他為蘇通判，而尊稱蘇賢良。

蘇軾本是個毫無機心之人，素來喜歡宴飲交遊，更引得無數人前來結交。

三

眉州人陳希亮將赴鳳翔任知州的消息傳來，鳳翔府同僚們又開始豔羡蘇賢良的好運氣。能在終南山麓與同鄉長官共事，想來這位長官定會對蘇軾青眼有加。

蘇軾夫妻也喜出望外。同僚們只知道陳希亮與蘇軾是同鄉，卻不知道陳蘇兩家原是數代世交。論輩分，陳希亮比蘇洵還長一輩。躊躇滿志的蘇軾想，若能得陳知州厚待，我自然能在鳳翔施展一番拳腳。

陳希亮上任那天，眾人都吃了一驚，威名赫赫的陳知州個頭矮小，雙眼炯炯，定睛望過來時簡直要讓人打冷顫。眾人上前問候，陳希亮一一答覆，卻始終沒有笑臉。

他對蘇軾也是同樣的冷心冷面。有一天，蘇軾有事找陳知州商議，坐在門前長凳上等，前前後後進去許多人，卻總不見陳知州召喚自己。後來蘇軾忍不住進去，發現屋裏只有陳知州在低頭批改公文。聽見蘇軾進來，陳知州眼皮也不抬，接過蘇軾手中的公文，一句話也不多說。蘇軾次日看見自己寫的公文已被幾易其稿，改得面目全非。

蘇軾自詡才華絕世，文章一氣呵成，但所寫的公文經常被陳希亮改得面目全非，不由得有一種受辱的感覺。他在府衙中逐漸消沉，已經沒有了初來時的意氣風發。

幾個月後，陳希亮無意中聽見一個府吏稱呼蘇軾為「蘇賢良」，立即拉下臉，厲聲問：「在鳳翔府，蘇子瞻是通判，你們為何要稱他為蘇賢良？」

府吏們見陳知州滿面怒容，不由噤聲。

「自然是因為他制科考試位列第三等，你們才稱他『蘇賢良』。但他一個鳳翔府的八品簽判，是否當得起賢良二字？」陳希亮看著蘇軾，一字一句地說。

蘇軾站在旁邊，氣血上湧，想出言反駁，又不知如何開口，只得面紅耳赤地站在一旁。

「來人！」陳希亮大喝，「給我杖責這個阿諛奉承之人！以後若有人再敢稱蘇軾為『蘇賢良』，這便是你們的例子！」

府吏受杖時的每聲痛呼都讓蘇軾揪心。蘇軾緊握著拳頭，滿臉憤懣。

四

「子瞻，且飲一杯酒。」陳慥（字季常）拿來酒壺，又用彎刀割下一塊肉，放在火上炙烤。

深秋的岐山被楓葉鋪滿，風吹來瑟瑟作響。山間清泉還未結凍，順坡而下，落入岩石堆成的小池中。

蘇軾仰頭喝一口酒，這酒口感清冽，一會兒酒意在體內擴散，整個人暖洋洋的。

「我年少時在蜀，也喜歡遊山玩水，但比不得季常你。你真是好身手，騎馬捕獵，百發百中。」蘇軾拍了拍陳慥的肩，由衷地讚歎。

「我爹不喜歡你，也從來只把我視為逆子。所以你我二人脾性相投，一見如故。」陳慥嚼一口兔肉，大笑。

誰能想到，蘇軾竟與陳希亮的兒子成為莫逆之交。陳希亮的四子陳慥，喜歡舞劍射箭，愛喝酒，性格豪爽，視金錢如糞土，與蘇軾性情相投。兩人都年輕，又喜歡呼朋引伴，常招來許多人在陳慥住處飲酒宴樂，席間既談詩詞歌賦，也談用兵之道與古今成敗。因為相談甚歡，常常是天亮了都沒有察覺。

陳慥的妻子為河東郡柳氏，性格潑辣直率。一群人經常在家裏笑鬧至深夜，她便不高興了。後來，一群人酒酣耳熱時，卻聽見柳氏在隔壁用杖將牆壁敲得「砰砰」作響，知曉是女主人要送客，便哈哈一笑，起身散去。

「忽聞河東獅子吼，拄杖落手心茫然。」蘇軾笑著贈詩，陳慥與眾人一起笑，並沒有覺得尷尬。

五

雖與陳慥交好，蘇軾與陳希亮依舊關係不睦，除交接公事之外，兩人從不多說一句話。蘇軾想不明白這位同鄉長官為何會對自己如此苛刻。久而久之，逐漸心冷，縱然髮妻王弗不斷規勸，蘇軾也不願再與陳希亮過多往來。

中元節那日，按例官府要召集官員集會，蘇軾不願與陳希亮同席，就賭氣不去參加集會。

「夫君，你怎能如此與陳知州作對？於情，他是長輩，你是晚輩；於理，他是長官，你是下屬；按例，今天所有官吏都應該去府衙集會，為何你不去？」王弗聽說蘇軾不願去參加府中集會，不免有些心急。

「他三番五次在同儕面前給我難堪，我不想去看他的冷臉。今天既非公事，我又何必要去？」蘇軾緊鎖眉頭，任王弗再三規勸，始終不肯動身。

中元節之後蘇軾回到府衙，剛進門便覺得眾人的神色有點異常，不免心中狐疑。

與他交好的府吏偷偷告訴他，陳知州已將他缺席例行集會之事上奏朝廷。朝廷的處罰剛剛下來，蘇軾因違例被罰銅八斤。

蘇軾心中鬱結難平，不怒反笑。

六

蘇軾鳳翔簽判三年期滿，要回汴京史館赴任。

回京之前，恰逢鳳翔府衙後園建造一座臺閣，供官吏們登高望遠。從鳳翔府後園遠眺，雖看不見長安，卻看得見終南層巒疊嶂的山脈。陳希亮為樓臺取名凌虛臺，讓蘇軾寫一篇文章紀念凌虛臺的建成。

蘇軾寫〈凌虛臺記〉時，想告訴陳希亮，事物的興衰勝敗無法預料，不必借築臺誇耀於世，高臺與人世得失一樣不久長。他預料陳希亮看到這篇文章後會怒不可遏，但縱然如此，他也不願刪減半分諷刺的言語。他在文中寫道：「物之廢興成毀，不可得而知也。……夫臺猶不足恃以長久，而況於人事之得喪，忽往而忽來者歟！而或者欲以誇世而自足，則過矣。蓋世有足恃者，而不在乎臺之存亡也。」

陳希亮將〈凌虛臺記〉誦讀了幾遍，沒有雷霆大怒，而是直接讓府役去找匠人，將此文一字不改地刻到石碑上。

陳希亮的這一反應，莫說蘇軾，便是府中旁人也大惑不解。

陳希亮對眾人說：「我眉州陳家與蘇家世代交好，我待蘇洵像是待兒子，我待蘇軾像是待孫子。蘇軾名滿天下，難免被眾人捧殺，所以我平時不給他好臉色。而他年少即得大名，難免氣盛，對我百般不滿，才寫下這篇文章。他以為我會因此不高興，我又怎會因此不高興？」

陳希亮的這番話，旁人輾轉告訴了蘇軾。

蘇軾內心五味雜陳，一時間思緒萬千。其實他心裏很清楚，陳知州雖為人嚴厲，卻清正廉潔，鳳翔百姓有口皆碑。本以為自己的這篇〈凌虛臺記〉會令他盛怒，卻不料他如此光風霽月。相形之下，更顯得自己年輕氣盛、恃才放曠。仔細想來，蘇軾覺得有些尷尬。

臨走之前，蘇軾向陳希亮話別，為自己的少不更事請罪。

陳希亮依舊是那副面孔冰冷、雙目炯炯有神的樣子：「你雖然屢屢與我爭執，卻見義勇發，不計禍福，絕不是那種油滑小人。我們今日相別，或許後會無期，唯願能一直在朝堂上捨身為民。」

蘇軾長揖相別，踏上返京的路。

西湖山水

一

「子瞻，杭州離汴京有千里之遙，你此番來杭州外任，覺得杭州城如何？」望湖樓的酒宴上，知州陳襄遠眺西湖的千里煙波，笑著問蘇軾。

蘇軾倚窗望向西湖。望湖樓是吳越王錢俶依湖而建，窗外垂柳碧荷接天，風吹來淡淡花香。「這世上有幾個如杭州一樣的神仙地方？此處政通人和，人人富庶自適，何況有西湖這顆明珠，汴京怎比得上杭州？」

陳襄又指著樓外西湖向蘇軾道：「你是蜀人，蜀中風景不減江南，而江南也自有風流處。當年柳三變填過一闋〈望海潮〉，寫杭州城的三秋桂子與十里荷花，連金人都在傳唱。子瞻，你詩名滿天下，此番外任杭州，每日與湖光山色相親，定要多作詩詞，讓天下人都知道杭州城的妙處。」

酒過三巡，酒宴換上了醒酒小食。蘇軾望著滿桌的江南時令小食：烏頭菱角、青青菰葉、冰糖芡實羹，不由笑道：「雖說吳蜀風流自古同，可蜀中風物哪及杭州？恰如今日這般，若醉眠西湖舟中，則以水為枕，在薺荷中飄搖。若是愛香草的屈原來杭州，大約也會感於山色，長吟楚辭吧？」

蘇軾已略帶醉意，說到興處，忙喚人拿來紙筆，誰知沒寫完便伏案沉沉睡去。眾人笑蘇才子不勝酒力，走上前，看見紙上筆畫恣意，率意天真，都讚不絕口。

二

蘇軾已經好久沒睡得如此香甜。在汴京，他陷入一場彈劾之中，每天疲於應對，幾乎牽扯了全部的精力。

治平二年（一〇六五年），髮妻王弗在汴京去世，次年父親蘇洵也在汴京去世，蘇軾、蘇轍扶靈回蜀地安葬了他們。等丁憂期滿，蘇軾重回汴京後，卻赫然發現昔日賞識自己的老臣們多已不在朝堂，主政的是主張變法的王安石。「如此變法，急功近利，將國家置於何處？」蘇軾不止一次向神宗上奏摺：先是上〈議學校貢舉狀〉，極力反對王安石的科舉改革；後來，王安石獻策，要低價購浙燈四千盞以供宮中使用，蘇軾又上〈諫買浙燈狀〉勸阻。神宗皇帝從善如流，沒有採取王安石的意見。緊接著，蘇軾又上〈上神宗皇帝書〉，質疑新政的可行性，否定王安石變法。

變法派大為光火，將蘇軾視為保守派舊黨中的一員，想方設法予以排擠打擊。

御史謝景仁上奏，說蘇軾趁回蜀丁憂時，乘舟販賣貨物，並且大售私鹽；待丁憂期滿回京時，又私下調用兵士。

蘇軾心想：謝景仁為新黨中人，又與王安石弟弟王安國是姻親，謝景仁如此誣告自己，自然是新黨刻意構陷。

朝廷派人詢問蘇軾，蘇軾堅定地回覆：「蘇某奉公守法，絕無販賣私鹽之事，也絕沒有私下調度兵士。」

朝廷下令，逮捕了當年船上的篙工、水師等一眾人，嚴加審訊後一無所獲，這才知道販賣私鹽之事純屬無中生有。而蘇軾要返京時，正逢眉州兵士去汴京迎回新任知州，便順道將蘇軾送還京城，並不是蘇軾私下調兵。

案情雖已查清，但蘇軾已心灰意冷。誰人不知這是政治陷害？他不想繼續深陷汴京這個政治漩渦，便自請外任，來到杭州城，任通判一職。

三

江南秋雨成災，知州陳襄與通判蘇軾等人在田間走訪。道路泥濘不堪，農民在雨中搶收莊稼，無論老少，都在田中奔忙。

「子瞻，你文中說變法『慎重則必成，輕發則多敗』，的確如此！我在杭州私訪農民，看見青苗法給這風流之地造成的巨大危害，實在觸目驚心！」杭州知州陳襄比蘇軾年長二十歲，覺得蘇軾才華橫溢，對他格外器重。外加陳襄對新法也頗多微詞，曾多次上書彈劾王安石，他知道蘇軾因與新黨不和自請外任，便與蘇軾更為親近。

蘇軾黯然。他想到在杭州田間見到的農民，一年到頭辛苦耕作，卻生活困苦。如今官府繳稅只要錢，不要米，稻米賣不出好價錢，百姓只有賣牛交稅。

「百姓有米，而官府不要米，百姓無錢，官府卻要錢。穀賤傷農，新法造成的錢荒，汴京城的大人們是不會知曉的！」蘇軾憤憤地說。

竹籬茅屋、清溪流水，雖然秋色已入山村，卻依舊處處苔蘚。此刻的蘇軾全然看不見這江南的好風景，他只記得濛濛細雨中上山挖筍的那位七十老翁。老翁的手足浮腫，他上前細問，老翁竟已三個月沒吃過鹽了。

江南秋日的幾場急雨，讓農民的收成大跌。陳襄派蘇軾去四處賑災，待事情了結，已是次年初春。蘇軾一回到杭州城，便聽說不斷有百姓來官府求助，仔細打探，才知道杭州城的井口堵塞，百姓如今屢屢為飲用水發愁。

杭州城臨近長江入海處，水中常常帶著海水的鹹苦氣味。唐代李泌任杭州刺史時曾經派人開掘六井，將西湖淡水引入全城，百姓才得以喝上淡水。幾百年後，六井已被淤泥堵塞，飲用水又成了困擾全城的難題。

陳襄有意整治六井，請來精通水利的仲文、子珪等僧人主持疏浚之事。蘇軾全力協助陳襄，一起謀劃此事，規劃挖溝壑、掏淤泥、修井壁。經過幾個月的努力，年久失修的六井重新暢通，甘甜的西湖水流入相國井等六井，再向南流入漕河。淡水所經之處沿路設置四個水閘，特意砌牆上鎖來保護居民的飲用水安全。

四

去上天竺寺的山路崎嶇，雨後滿山沙泥。暮春時節，草木葳蕤，連寺壁上都攀滿青青藤蔓。高僧辯才隱居於此，在獅峰山麓開山種茶。清明前後摘下新茶，烹山泉水點茶，香氣四溢。

蘇軾最喜歡在這時節來山間隱居。與辯才對坐，談禪論道，焚一炷香，點一壺茶，遠處傳來的鐘磬聲恍若相隔幾重山，讓人生出不知今夕何夕之感。

有一次，辯才法師站在山門外迎接蘇軾，隨後兩人在禪林中閒庭信步，蘇軾情緒有些低落地說：「法師，蘇某有一事相求。犬子蘇迨，不知道患有什麼疾病，現在四歲了還不能行走。我想讓他來上天竺剃落，希望他一生平安順遂。」

辯才法師寬慰道：「謝靈運年幼時也曾在佛前剃落，若令郎在觀音像前剃落，不久之後一定能奔走如鹿。」

蘇軾再三謝過。

辯才法師道：「蘇通判自外任杭州以來，修治六井、賑濟災民，老衲雖久居寺中，卻也聽香客念過您與陳知州的功德。我佛慈悲，自然會保佑令郎！」

蘇軾聽辯才法師提到六井，心裏也頗為欣慰。

六井剛剛疏通好，今年春天就遇到了罕見的旱災。從江淮大地到浙江東邊，各地水井乾涸，百姓叫苦連天，將飲用水看得比美酒還要貴重。而錢塘江畔的杭州人因為有六井的滋潤，不僅飲水充足，還可以用淡水飲牛馬、洗澡。

「這主要是陳知州的功勞，善男信女若來誦佛，應該為他祝禱。」蘇軾並不格外誇耀功勞，他敬佩陳長官，曾想過若有朝一日可執政一方，也要像陳長官一樣，有功於社稷與百姓。

五

「子瞻，我們同為西南蜀人，又同在東南為官，不料相逢幾月又要離別，時光真是太匆匆！」楊繪歎息。

前任知州陳襄調離後，楊繪前來杭州接任知州。楊繪原籍綿竹，讀書時便名滿西州，與蘇軾一見如故，彼此愛惜對方的才華，而且兩人年紀相仿，常趁月飲酒、花間唱和。誰知只是短暫相處了幾個月後，楊繪接到調令，蘇軾也接到調令將北上任密州知州。楊繪因此設宴於西湖上，與蘇軾話別。

「那年我自京口回錢塘道中，倍加思鄉，填了一闋〈卜算子・感舊〉：『蜀客到江南，長憶吳山好。吳蜀風流自古同，歸去應須早。還與去年人，共藉西湖草。莫惜尊前仔細看，應是容顏老。』當時感慨『家在西南，長作東南別』，細想來，不過應了李義山那句詩，『走馬蘭臺類轉蓬』罷了！」蘇軾輕歎一聲。

宴會上人人傷感，蘇迨卻從別桌跑來，嚷著要抓果子吃，把一桌人都逗笑了。月色下的西湖有一種別樣的美麗，湖邊野草凝露，蟬鳴聲重，荷花的香氣隱隱傳來。夜闌風靜，惟有一江明月碧琉璃。

「子瞻，今日一別，你我重逢會在何年何月？你與西湖，也不知何時再見呢！不過你作的西湖詩傳遍了整個杭州城，人人傳誦：『水光瀲灩晴方好，山色空濛雨亦奇。欲把西湖比西子，淡妝濃抹總相宜。』」楊繪抬頭，天上一彎新月如鉤。

蘇軾惆悵地望著西湖，西湖上煙波靄靄，看不見前程，也看不見歸期。密州遠隔山岳，難再有與摯友樽前共醉的時光了吧？

朦朧中，楊繪作了一闋〈南鄉子〉，蘇軾便和了一闋：

東武望餘杭。雲海天涯兩渺茫。何日功成名遂了，還鄉。醉笑陪公三萬場。不用訴離觴。痛飲從來別有腸。今夜送歸燈火冷，河塘。墮淚羊公卻姓楊。

密州賑災

一

「大人，今日州衙門口又聚集了不少百姓，像是來告悍卒傷人。」蘇軾緩步走向州衙前廳，還沒踏入正堂，一旁的府吏就跑來上報。

蘇軾抬頭看了看天，烏雲壓城，似乎要下一場急雨，忍不住歎了口氣。自從他去年來到密州任知州起，密州的災禍就似乎沒有停歇。

先是蝗災。他永遠忘不了最初踏上密州土地時的心驚：映入眼簾的不是想像中沃土千里、黍麥豐熟的田地，而是莊稼盡毀的景象。蒿蔓裏長滿了蝗蟲，累累兩百餘里都是如此。蘇軾發動百姓一起下田滅蝗除卵，累得手腳都結滿了繭，一回家便沉沉睡去。

而乾旱又隨之而來。整個秋季都沒下雨，一直到十月中旬才得一點雨水，讓種麥成為一種奢望。蘇軾望著龜裂乾涸的土地上大聲啼哭的農人，憂愁得茶飯不思，連夜寫奏議呈報，請求朝廷憐憫密州百姓的境遇，豁免密州秋稅。

盜寇多發便也是意料之中的事。密州自古民風剽悍，百姓不像江南人那般溫柔，接連的災患讓密州人貧困不能自持，一時間，偷盜搶劫之類的案件頻繁發生。作為知州，蘇軾已疲於奔命。朝廷知曉此事，特意派遣兩班使臣率領數千名悍卒來密州，協助府衙緝捕盜寇。蘇軾本以為可以鬆口氣，卻不料這些悍卒兇狠殘暴、恣意妄為，常常隨意闖入民宅與百姓爭鬥，百姓受辱，便頻繁來府衙狀告這些悍卒。

不知這些悍卒又如何毆打百姓，使得百姓聚眾上告。蘇軾憤怒地握緊了拳頭。堂前跪著的一群人，穿著粗布衣衫，面色黧黑，像是農夫模樣。其中一人抬起頭時滿面哀傷：「蘇大人請為小民做主啊！我兒才十九歲，連村子都沒出過幾回，那些人硬說我兒子是盜賊，我兒子只不過爭辯幾句，就被他們活活打死了！殺人償命啊！青天大老爺為我做主啊！」

這群人在堂前哭嚎呼喊，磕頭聲此起彼伏。

蘇軾大驚，他知道安撫司派來的悍卒們多是心狠手辣之徒，但萬萬想不到他們居然如此膽大妄為，竟鬧出人命官司。

「這些人真是十惡不赦！」一旁的通判劉廷式怒火中燒，忍不住痛斥。蘇軾正準備開口，忽然想到這些悍卒本就是外鄉人，現在殺了人，想必已經潰散，四處躲了起來，即刻捉拿難上加難。於是立刻平靜下來，板著臉慢悠悠地說：「這些人是朝廷派下來緝盜的，行事一定有分寸，絕不可能做出這種事情。」

百姓喊冤聲不斷，在堂前不停磕頭。蘇軾向劉廷式及幾名府吏使了眼色，硬著心腸宣佈結案。

二

清晨，林中升起了霧，遠遠望去，隱隱可見兩三煙樹。蘇軾和通判劉廷式沿著密州城牆一路向北走，想去野地裏挖些野菜。

「大人果然神機妙算！」劉廷式撫掌說道，「幾名毆殺百姓的悍卒以為大人不會再追究此事，紛紛從藏匿處回到密州城。如今這些人都已經被我們帶回來，羈押在獄中。」

「好！明日便升堂問罪。」懸而未決的石頭終於落了地，蘇軾心下大慰。斬了幾個為非作歹之徒，剩下的小卒雖然天性好勇鬥狠，也不敢再恣意妄為，密州人再不用受他們的欺辱。

「得之（劉廷式字得之），密州如今已較為安穩，多虧了你我齊心協力，我們也算不愧天地、朝廷和密州百姓了。只是連年災患，密州帑庫空虛，百姓更是拮据。」

劉廷式打趣道：「哪裏只是密州的百姓生活拮据，你一個堂堂知州，不是也在四處尋找杞菊，想挖些充飢嗎？」

蘇軾與劉廷式兩人一起哈哈大笑起來，並不覺得寒酸。糧食欠收導致財政收入不足，就算蘇軾是堂堂密州知州，也要四處挖野菜來填補食物供給不足。

兩人一路向北走，談笑間，聽見有嬰兒的哭聲。

荒野之中怎麼會有嬰兒啼哭？

兩人大為驚訝，循聲一路找去，發現一處廢棄的菜園中竟然躺著一個嬰兒。雖然已是春天，但清晨還刮著北風，嬰兒小臉凍得青紫，聲嘶力竭地啼哭。

蘇軾趕緊抱起嬰兒。這是個剛出生不久的男娃娃，碎布頭縫成的襁褓只能勉強裹身。

兩人抱著嬰兒往城裏趕，一路沉默，只聽見嬰兒的啼哭聲。他們清楚，這一切都是災荒帶來的，百姓無法糊口，只能把新生的孩子丟棄到野地裏。這個碎布拼成的小襁褓，寫滿了父母的貧瘠、不捨與絕望。

蘇軾料定密州棄嬰絕不會只有一起，回到府衙後便立即派人四處搜尋。短短幾天時間，竟然找到了四十名棄嬰！

望著這些剛一呱呱墜地便被父母遺棄的小生命，蘇軾淚流不止。無論如何，他都要救活他們。可密州帑庫空虛，哪裏有閒錢養活這些孩子？就算將孩子們寄養到城中人家，又哪裏有這麼多富戶？

百般思量，蘇軾想到了勸誘米。北宋時期，官府都儲備一部份勸誘米，以備不時之需，賑濟那些家徒四壁的災民。蘇軾派人清點倉庫中的勸誘米，撥出一部份，作為棄嬰的專用糧。那些收養了棄嬰的家庭，每月能獲取六斗粟米。

待到來年，密州經濟逐漸好轉，集市裏又是一派生機勃勃的景象。

蘇軾在街市上行走，碰巧遇見一位收養棄兒的婦人來集市中買布裁衣，當初瘦小黑黃的棄兒被養得白白胖胖，坐在小車裏好奇地東張西望，小手握緊波浪鼓，一搖一擺。見到粉妝玉琢的孩子，蘇軾很欣慰，上前探問了幾句，得知棄兒如今過得不錯，蘇軾很是歡喜，回家後自斟自酌，直到醉醺醺睡去。

三

「又是一年暮春。」超然臺上，蘇軾遠眺密州城，喃喃自語。

城北的舊臺年久失修，待密州的天災人禍都已過去，經濟重新恢復正常後，蘇軾派人將舊臺修葺一新。蘇轍引用《老子》中「雖有榮觀，燕處超然」一句，從此舊臺就有了名字，叫超然臺。

蘇軾喜歡上了密州，這個偏僻州郡不如杭州城繁華，百姓們雖性格剽悍，卻淳樸厚道、樂天知命。

何況密州的春景同樣撩人。蘇軾站在超然臺向城中望去，煙雨彌漫城郭，花紅尚未褪盡，柳絲飄搖裊娜，一派纏綿之態。這樣的時節，多麼希望親眷故友都在身邊，烹茶作詩，其樂融融。

蘇軾撫著厚重的城磚，吟詠一闋〈望江南〉：

春未老，風細柳斜斜。試上超然臺上望，半壕春水一城花。煙雨暗千家。　寒食後，酒醒卻咨嗟。休對故人思故國，且將新火試新茶。詩酒趁年華。

蘇軾向密州城眺望，久久不願離開超然臺。

徐州抗洪

一

蘇軾從不知道暴風雨來臨的夜晚是如此可怕。

電閃雷鳴，轟隆一聲，讓整個徐州城的人驚叫連連。屋外一片漆黑，卻依舊能感覺到大雨白茫茫一片，不是梅雨季節溫柔的雨絲風片，這雨像是天河決堤，甩下一道道水鞭，狠狠地向屋瓦、窗櫺上揮去。

暴雨已經接連下了好幾天。剛下的時候，蘇軾還有心情欣賞雨景，覺得雨水將遠處的村舍洗滌一新，即將到來的秋耕不至於乾旱。後來，雨愈下愈急，愈下愈密，白天的天空也是陰沉沉的，像是馬上就要崩塌，合抱的大樹被狂風吹得東倒西歪，千年重鎮徐州成為一座水城，街道漲滿了水，宛如一條條河道。

還沒來得及秋收，禾苗在暴雨襲擊下，已經毀了一半。至於捲入急流中的貧苦百姓，更是不計其數。蘇軾心急如焚，派遣水性好的府吏與百姓划船打撈溺水者，救活許多人。

而暴雨卻一直沒有停歇。

秋季怎麼會下如此大的暴雨？蘇軾有些消沉，他自密州來徐州當知州不過幾個月，卻遇到如此大的雨。眼前雨後可能流行的瘟疫還是小事，他更擔心暴雨會導致黃河決堤。

徐州位於黃淮平原，歷來是兵家必爭之地，而就是因為這扼黃淮的關鍵位置，才使徐州備受黃河決堤的威脅。消息傳來，城北五十華里處的黃河堤壩已在潰壩的邊緣，若蔓延至徐州城，洪水將被西面的雲龍山遮擋，無法迅速擴散。大水去後，徐州的一切將不復存在。

蘇軾派出全部府吏，挨家挨戶通知百姓來城外加築堤壩，然而收效甚微。先是同僚們勸他不要待在城裏，趕緊去雲龍山上避難；再是徐州城的富人們無心待在城中築壩，想帶上金銀細軟盡快出城，去別處避水災；至於貧苦百姓，他們中許多人已在暴雨中流離失所，面對即將到來的洪災，已無計可施，瀕臨崩潰。

雲龍山的道長張山人與蘇軾有私交，之前他已告訴蘇軾，已有一些徐州富人及家眷躲進雲龍山。蘇軾清楚，城中已經人心惶惶，身為知州，如果此時他離開府衙前去雲龍山，城中富人也將悉數離開徐州，城中將一片大亂。若組織全城百姓一起上山避難，任憑洪水過境，則徐州城的一切都將被洪水吞噬，一無所有的百姓回城後該如何生活？多少年才能重新打下這份家業？

蘇軾下定決心，不離開徐州城半步，與徐州城共死生。

二

黃河果然在城北的曹村決口，很快氾濫到梁山泊，又匯入南清河，不幾天便匯集於徐州城外。

徐州府衙，各級官吏齊聚一堂，城中富戶也被邀來，聽知州蘇軾的抗洪安排。

「各位是徐州城的高門富戶，也是徐州城的中流砥柱，若各位此時出城避難，誰來守徐州？蘇某今誓與徐州共存亡，也希望各位同進退，定不能讓水破徐州，百姓流離失所。」蘇軾斬釘截鐵地說。

官吏富戶們本想再勸說幾句，但見蘇知州如此堅決，逐漸打消了出城的念頭，一同捐助錢物，共同築堤。

若洪水匯集於城外，將從城東南瀉入徐州，蘇軾有意在城東南建築堤壩，從戲馬臺開始，建至城牆。任務十分緊急，雖然府衙已徵召五千名壯丁，蘇軾親自坐鎮前線指揮，但人手卻依舊不足，堤壩建築的速度比不上洪水上漲的速度。

情急之下，蘇軾想到駐紮在徐州的禁軍。徐州有一支禁軍部隊，兵卒們都是年輕、精壯的男兒，若他們也能來協助建築堤壩，定能解燃眉之急。可按大宋律令，禁軍只受朝廷直接管轄，本地知州無權調動支配。現在洪水圍城，築壩之事迫在眉睫，縱使有八百里加急文書，也來不及向汴京傳遞。

思來想去，蘇軾直接去了武衛營，一見卒長便開口自責：「蘇某深夜前來打擾，實屬不該。但徐州城已危在旦夕，若耽擱下去，洪水將沖壞城牆，徐州盡毀。蘇某知道你們是禁軍，不受蘇某調遣，但希望卒長能顧念徐州城萬千百姓的安全，派遣駐紮徐州的兵士，與我們一起出力築堤壩。」

名滿天下的蘇知州親自上堤壩前線督戰，此事卒長早有所耳聞，今日見他深夜來求救兵，敬佩之心油然而生。樞密院才有調兵之權，蘇軾作為地方官員動用禁軍，所冒的政治風險不言而喻。卒長抱拳回道：「蘇知州，以您的地位與名望，完全可以上雲龍山避洪災，而您卻依舊堅守徐州城，不避水患。我等粗人，都是守徐州城的兵卒，自然應當效命，誓死守衛徐州城。」

蘇軾精神為之一振，連連道謝，當即率領兵士們拿著鐵鍬、簸箕，去城外戲馬臺，一同建築堤壩。

三

豆大的雨珠打在堤壩上，「啪啪」作響。洪水襲來，遠處的樹已被淹沒大半，只能看見蓬鬆的樹梢在狂風中搖晃，恍若風燭殘年的老人。雷聲咆哮著，雨水傾入洪流，隨風形成巨浪，拍打著城牆。

護城長堤已經修築完畢，蘇軾的憂心卻沒有減輕。

暴雨日日不停，積水無法排泄，水位愈漲愈高。不過幾天時間，水已經漫到距離城牆頭只有三尺的距離。

「知州，水流湍急，城頭危險，您先回家歇息吧。我們守在這兒！」吏員們紛紛勸說蘇軾離開。

蘇軾搖搖頭：「既然蘇某為徐州知州，便應該與城堤共存亡。水不退，我不下城堤。」自從水患來襲，蘇軾便夜夜在臨時搭建的棚戶中休息，已經多日不曾回家。

「只要東平水患解除，徐州便無大礙。東平的應言和尚有治水經驗，已經帶人挖壕溝，將黃河之水引入下游廢棄古河道，我們需要做的，便是守住這徐州城。」蘇軾望著眼前滔滔巨浪，堅定地說。

四

抗洪一個半月後，洪水終於繞徐州城而過，被疏導到一段古河道中。

洪水過後，府衙開倉賑濟災民。人人自危的徐州百姓終於長舒一口氣，慶幸洪水沒進城，自己的家業得以保全。

蘇軾也長舒了一口氣。但怕洪水再犯徐州，蘇軾又向朝廷請求撥款，申請重新建築防洪大堤。朝廷感念蘇軾在抗洪中的功績，額外多撥了款項。因此，在新築成的堤壩外，蘇軾又建了一座樓閣，用黃土刷牆，命名為「黃樓」。

九月重陽，紀念黃樓落成的宴會上，來了許多賓客。

「定國（王鞏，字定國），貢父（劉攽，字貢父），你們來看看，這是文與可為黃樓畫的屏風。」酒宴上，蘇軾指著不遠處的四副屏風。

「文與可的墨竹天下聞名，尋常人很難得到一副，想不到居然為你畫了四副，到底是親戚啊。」王鞏仔細端詳屏風，上面畫著竹木與怪石，竹葉疏密有度，濃淡相依，很有意境。

王鞏又說道：「不過，你的詩書畫都是一流，那副《枯木怪石圖》遠勝畫工之畫。這黃樓是為了紀念你徐州治水的功績，你應該為黃樓畫幅畫！」

「子由為黃樓所作的〈黃樓賦〉我已謄寫了下來，製成碑刻立在黃樓旁。我這個人，書不如詩文，畫又次之。」

蘇軾天性曠達，趁月飲酒，與友人談論起新近所結識的文士：「黃山谷在汴京，與我通書信，我讀了他隨信寄來的詩，詩篇結構嚴密，造句講究。高郵秦少游專門來徐州拜訪我，投給我一首長篇，詩文高妙，便是古人讀了，也不免稱讚。秦少游雖現在籍籍無名，但日後必然會一鳴驚人。還有陳履常（陳師道，字履常），他早年師從曾子固，詩文都厚重典雅。黃樓建成後我讓他作了一篇〈黃樓銘〉，諸位讀一讀，是不是法度嚴謹，有古人之風？」

劉攽笑道：「徐州治水剛立下功績，又得天下英才而教之，難怪子瞻如此得意。」

蘇軾正色道：「杜子美說『文章千古事，得失寸心知』，我確實愛惜有才華的文士，更甚於愛功名。」

五

三更天，蘇軾在燕子樓醒來。

燕子樓是唐朝遺留下的古建，昔年徐州城守將的愛妾關盼盼便住在燕子樓中，守將死後，關盼盼獨居燕子樓十年。

昨夜黃樓夜飲之後，蘇軾宿於燕子樓。他以為會酣睡至天明，卻不料在夜半醒來。

蘇軾走出小閣，去後院園中散步。重陽夜的小園，還沒染上深秋的寒氣蕭瑟，月光皎潔如霜，池中魚兒波動水痕，殘荷上有露珠滴落，像是佳人的一滴清淚。蘇軾穿著單衣，感覺到微微涼意。這時節，本該覺得歡樂才對，徐州水患解除，又得朝廷嘉獎，好友們齊聚黃樓，酒酣高歌到深夜。可就是在這一刻，他有說不出的寂寞惆悵。

鳳翔、杭州、密州、徐州……我生如飛蓬。今夜我在燕子樓，明朝我又將在何方？燕子樓的美人關盼盼已香消玉殞，若有一日，當我也成為長河中的一粒塵埃，會不會有人登上徐州城的黃樓，為我感歎？

明月如霜，好風如水，清景無限。曲港跳魚，圓荷瀉露，寂寞無人見。紞如三鼓，鏗然一葉，黯黯夢雲驚斷。夜茫茫，重尋無處，覺來小園行遍。　天涯倦客，山中歸路，望斷故園心眼。燕子樓空，佳人何在，空鎖樓中燕。古今如夢，何曾夢覺，但有舊歡新怨。異時對，黃樓夜景，為余浩歎。

烏臺詩案

一

元豐二年（一〇七九年）七月二十八日，盛夏已過，湖州城卻依舊酷熱難耐。河道旁的茶館裏滿坐著來喝茶的人——若說全是茶客也不盡然，還有許多平日裏不大出門的人。人們在茶館裏七嘴八舌地議論今日街頭的流言：朝廷派來了幾個使者，要治湖州知州蘇軾的罪。

「傳言必不可信，」一位老者甚是篤定，「蘇子瞻名滿天下，知密州時為賑災不眠不休，又救下許多棄嬰；知徐州時治理好了水患，誰不說他是好官？他剛到我們湖州地界不到三個月，無緣無故，怎麼可能被治罪？」

同桌的青衣男子抿了一口茶，若有所思地搖搖頭，道：「傳言不可全信，也不可不信。既然消息一大早便從衙門裏傳了出來，未必全是捕風捉影。」

兩人環顧茶館，茶客們哪裏有心思喝茶，人人盡談蘇知州。

二

駙馬王詵與蘇軾素來交好，得知神宗要查辦蘇軾，便趕緊遣人通知在南京任幕官的蘇轍。蘇轍又遣人快馬加鞭趕來湖州告訴蘇軾。因此，蘇軾早已提前半日知曉神宗已派人來押解自己回京，接受審訊。

事情由蘇軾自徐州調任湖州後所作的〈湖州謝上表〉引起。作表謝上本是例行公事，一來論述自己之前的政績，二來謝皇恩浩蕩。而蘇軾與當權的變法派政治理念有別，因此被變法派攻訐。後來，連蘇軾在杭州觀潮時寫的詩稿也被人仔細揣摩、曲解，並以誹謗朝政、諷刺神宗的名義上奏。

負責監察天下官員的御史臺官員李定、舒亶、何正臣等人本是變法派的成員，對舊黨政敵不滿久矣，特將此事大書特書，接連上奏彈劾。神宗再讀〈湖州謝上表〉，也為陛下「知其愚不適時，難以追陪新進；察其老不生事，或能牧養小民」兩句動怒，認為蘇軾對變法評價消極、徹底否定，實屬大罪。

有了神宗皇帝的批示，七月二十八日，御史臺派皇甫遵帶著隨從一路快馬加鞭急馳湖州，但路過鎮江時，因瑣事耽擱了半天行程，因此，反是蘇轍派來報信的人先到。

三

皇甫遵穿著官服，手持笏板，神情倨傲地立於湖州府衙。

「知州蘇軾在哪裏？」皇甫遵問，語句中不帶一絲情感。

湖州府衙中人人驚懼，不知道蘇知州究竟遇上了何等麻煩，不敢作聲。

「知州蘇軾在哪裏？我奉旨押他進京。」皇甫遵提高了聲音。

府衙中人人大驚失色，料想蘇知州大約難逃此劫。

後堂的蘇軾有些驚恐。「此事如何是好？」他與通判祖無頗商量。

祖無頗剛剛得知此事。他與蘇軾雖相識不久，卻相處融洽，絕不願蘇軾出事，但京城來的臺吏此刻就在堂上昂首佇立，氣勢洶洶，無論如何也躲不過去。思量再三，祖無頗緩緩道：「蘇知州，事已至此，無可奈何，您總得出去見這些人。」

蘇軾定了定神，說道：「也罷！」便取下官帽，準備換上常服出去。

祖無頗說：「知州為何要脫去官服？」

蘇軾略有猶豫：「我既然已是罪人，自然不可穿官服了。」

祖無頗搖搖頭說：「現在尚不知罪名，您當然應該穿官服見他們。」

說完，他寬慰了蘇軾幾句，兩人一起走出去。

蘇軾穿著官服、手持笏板出現在堂上，面色看上去還算平靜，只是步履略顯蹣跚。

祖無頗等一眾官員站在蘇軾後面，默然不語。

兩名白衣臺吏當即快步上前，扯住他的衣服往前拖。

蘇軾覺得斯文掃地，又見皇甫遵久不言語，感覺格外屈辱難堪。萬般滋味襲來，蘇軾主動開口：「聖上若下旨意令蘇軾死，我自然不敢辭。但唯有一事相求，請諸位讓我回家知會家人，與他們訣別。」

皇甫遵見狀，方緩緩開口：「倒不至於如此嚴重。」

祖無頗心中不忍，向皇甫遵作了個揖，說道：「既要帶走湖州知州蘇軾，想必太常博士您是帶著公文前來？」

皇甫遵冷冷地問：「你是誰？」

「在下湖州通判祖無頗，目前代理湖州知州。」祖無頗答。

皇甫遵想了一想，自懷中掏出臺牒遞給祖無頗。祖無頗仔細看去，這不過是一份普通公文，只說免去蘇軾官位傳喚進京，並沒說其他的。

祖無頗剛想再說幾句，皇甫遵已拿回臺牒，催促兩名手下快些押解蘇軾返回京城。

四

臺吏們押著蘇軾一路急行，穿過湖州城，準備登舟北上。

河道邊擠滿了圍觀的人，茶館中的茶客們丟下茶盞跑向前去，一探究竟。

「竟然真的是蘇知州！」飲茶的老者方才還不信，此刻看見蘇軾被臺吏押解，如驅狗雞一般走過眼前，感到不可置信。

這一路走來，蘇軾覺得尊嚴掃地、生不如死，但聽見岸邊送行官員及百姓哭聲陣陣，心中又略略寬慰：「我蘇軾縱然因為文章而死，世人也會說我是個好官。」

一想到家人，他又不由得愁腸百結。王閏之不似髮妻王弗那般有能力有膽識，她面對這般際遇，定然是六神無主束手無策；二子蘇迨、三子蘇過都還小，又不知是怎樣一番哭鬧了。念及此處，蘇軾潸然淚下。

「親朋故友一定會想方設法救我，尤其是子由。」蘇軾此刻唯有想到他們，才能令自己寬心。但轉念一想，自己觸怒了神宗皇帝，定要遭受刀筆小吏的百般侮辱，不由心如死灰。

舟行至揚子江時，蘇軾不止一次想自投江中。他並不怕死，只是有些躊躇，若自己投水自溺，親人們怎麼辦？想到親人，蘇軾漸漸打消了自殺的念頭。

他從來沒有如此無助，求天不得求地不靈的那種無助。

五

蘇軾八月十八日進京城，入臺獄。

北宋時期，御史臺與諫院合一，稱為臺諫；這個部門的吏員，也被稱為臺諫。臺諫直接受命於君主，成為與相權、政事堂並駕齊驅的權力中心。

經過二十日的舟車勞頓，蘇軾已精疲力竭。他緩步走入御史臺時，忽然想起少年時所讀過的《漢書・薛宣朱博傳》，說御史臺種了許多柏樹，數千隻烏鴉棲居柏樹上，御史臺也因此被稱為「烏臺」。

蘇軾抬頭四望，汴京的御史臺果真種了許多柏樹，上面落著密密麻麻的黑色鳥兒。

「休要東張西望，快走！」獄卒喝道。蘇軾加快了腳步。

蘇軾以為能在獄中稍稍休整幾日，不料臺諫當天就要提審。

「你家五代之內，有沒有誓書鐵券？」獄卒問蘇軾。

蘇軾茫然搖頭，身體有些僵硬。此類詢問一般只針對死囚，難道自己的罪竟致死？當權的變法派居然痛恨自己到如此地步！

參與審訊蘇軾詩案的臺諫為李定、舒亶、何正臣、李宜之、張璪等人，外加先前去湖州追攝蘇軾的皇甫遵，都是變法派成員。

早在提審蘇軾之前，幾位臺諫便已經上奏朝廷，為蘇軾擬定了罪名。蘇軾可廢之罪大致有四條：一是妄自尊大，怨恨自己不得朝廷重用；二是對朝廷的各項改革政策語多不恭，毫無人臣之禮；三是語言傲悖，對中央及地方的各位大臣多有毀謗；四是言偽而辨，行偽而堅，宣傳中外，鼓動流俗。

「你可知罪？」臺諫們厲色問道。

「我自然無罪。」蘇軾聲音疲憊卻堅定。

臺諫見蘇軾並沒有被嚇到，語氣愈發嚴苛：「你與王詵交好，曾經贈他詩文，可有此事？」

「有……」蘇軾暗想，王詵貴為蜀國公主駙馬，蜀國公主乃英宗嫡女，是神宗的同母妹，地位何等尊貴？難道王詵竟也被我牽連受審了？

臺諫們似乎看出了蘇軾的遲疑，譏諷地說：「聖上令我們查辦此案，王詵與你有關聯，我們自然也審問了他。你與駙馬交好，是否為了交通戚里，刻意與皇上身邊的人密切交往？」

……

連番逼問襲來，蘇軾頭暈眼花。

「你與王詵之間往來頻繁，借錢、飲酒、交遊、酬贈……這些事情我們已經知道，你不必再隱瞞。」

「我二人秉性相投，素來交好。有何不可？」蘇軾的聲音已嘶啞。

「你詩文中多有冒犯皇上之處，無尊君之義，虧大忠之節，廢為臣之道。還有什麼可狡辯的？」

「哪裏是我狡辯？」聲音雖弱，蘇軾仍據理力爭，「分明是你們望文生義、無中生有！」

連天徹夜審訊，蘇軾始終宣稱自己無罪。

二十日，蘇軾供狀宣稱除〈山村〉一詩之外，其餘文字全部無關時事。臺諫們見蘇軾沒有交代出令他們滿意的答案，愈發不滿，彈劾之峻、詢問手段之殘暴，與日俱增。在他們眼中，滿腹經綸的蘇軾只不過是一個囚徒，行將就死。

「蘇大人，蘇大人……」蘇軾在臺獄中昏睡，恍惚間，聽見有人叫自己。他睜開眼睛，看見一個並不相識的獄卒，威武卻面善，端著一隻水盆。

「蘇大人，我是負責看管您的獄卒。我煮了熱水，給大人洗腳，驅驅乏。」獄卒笑道，說完，將水盆放下。

蘇軾幾乎哽咽。這臺獄中人人如狼似虎，竟有如此仁德知禮的獄卒，如此善待自己！蘇軾不由淚目，點頭頻頻感謝。

蘇軾為自己祈禱，期盼神宗皇帝能憐惜自己一片忠心，赦免自己的死罪。

六

如何處理蘇軾詩案，神宗皇帝舉棋不定。他大力支援變法，蘇軾卻對變法大加批判，這點著實令他動怒，但從內心深處，他絕不相信蘇軾有謀逆之心。

奈何眾人屢屢上奏參劾蘇軾。這些人中，不乏身居高位的士大夫。

副相王珪以「根到九泉無曲處，世間惟有蟄龍知」一句上報神宗，道：「陛下是飛龍在天，蘇軾反而去求地下的蟄龍，豈非有不臣之心？」

神宗不予理會，正色道：「蘇子瞻一介詩人，所描摹的不過一株檜木而已，與朕何干？」

恰好蘇軾好友章惇在一旁，他立刻上前為蘇軾解圍：「王公難道不記得諸葛孔明也稱臥龍嗎？龍一字並非只有人君才能用，人臣在詩中寫龍這個字，王公覺得有何不可？」

王珪一時語塞。

退朝後，章惇快步走向王珪，詰問道：「王公是想滅了蘇子瞻一族嗎？」

王珪搖頭搪塞：「這是什麼話？我只不過是將舒亶上報的內容秉明聖上！」

章惇嗤笑道：「原來王公如此信任舒亶，便是舒亶的唾沫也是可食的嗎？」

王珪且窘且怒，拂袖而去。

然而參奏的臺諫們太多，神宗皇帝也被他們左右。為平息眾人怒氣，神宗皇帝下令將蘇軾自湖州帶回，逮捕入獄。

神宗皇帝並不知道，臺諫們意欲將蘇軾詩案辦成鐵案，置蘇軾於死地。

諸多臺諫中，屬李定最為卑鄙陰險。他料定蘇軾有同黨，便想出一條歹毒計謀，在崇政殿門外對同列官員大聲感慨：「蘇軾真是奇才！」——若有人隨聲附和，則必然與蘇軾有牽連。

臺諫大興文字獄，官員們早已人人自危，因此無人發聲，置若罔聞。

見無人回答，李定又歎道：「審訊蘇軾時，提到三十年前的譏諷文字詩詞，隨問隨答，一字不差，蘇軾真是個奇才！」

周圍依舊鴉雀無聲。

回到御史臺，李定將今日之事告知張璪：「本想借此尋到蘇軾同黨，沒想到那群官員竟然沒有一個人說話。」

張璪煩悶不已：「沒有一個人說話？江寧王公（指王安石）的弟弟王和甫卻在不停地說！他幾次向神宗諫言，請求盡快放了蘇軾。」

李定生氣地說：「上次相見，他開口便問我蘇軾是否平安。他難道不知道蘇軾與王公政見不合？我讓他不要再插手此事，卻不肯聽！」言罷，心中煩悶，仰頭飲下一杯茶，又道：「莫說王和甫，便是王公自己，竟也向皇上求情，求皇上赦免蘇軾之罪。蘇軾多次公然詆毀新政，詆毀王公制定的青苗法等，罪大惡極，實難寬恕，王公竟然還替他求情！」

張璪也是滿臉憤懣：「原本想審出蘇軾與王詵的勾當，治他個交通戚里罪。現有證據只能證實二人確實交好，若想坐實交通戚里，談何容易？」

李定神色黯然：「是啊！朝廷裏還有許多保蘇軾的人，蘇轍不足懼，但那張方平是皇上素來敬重的老臣，吳充是中書門下平章事。另有章惇等人，也替蘇軾向皇上求情。此事著實難辦！」

七

冬季的汴京城異常寒冷，滴水成冰。

所幸看押蘇軾的仍是那個和善獄卒，他每日打來熱水供蘇軾洗腳，既取暖，也祛乏。

這些天來，案情反反覆覆，蘇軾已萬般疲倦。

我入獄已經一百多天了，蘇軾想，此生會有出去的那一天嗎？

入獄前，蘇軾曾與隨行的長子蘇邁約定，讓蘇邁用食盒送飯來傳遞外面的消息：飯盒中只盛著肉與菜，意為一切平安；若外面有消息透露死罪難免，便在食盒中放上魚鮓。

幸甚至哉，自蘇軾進入臺獄起，蘇邁送來的食盒中便只有肉與菜。

這三個多月來，詩案涉及的人愈來愈多。親朋故友被臺諫們一一審訊，蘇軾知道許多人因自己受到了牽連。他痛恨自己，恨自己自負才華蓋世，在詩文中發下這許多牢騷譏諷，終於釀成大禍，殃及這麼多人。

蘇軾忽然想起亡妻王弗生前的話。她不止一次勸蘇軾謹言慎行，怕有朝一日會連累家人。

他苦澀地笑了，暗暗道：「弗兒啊弗兒，你萬萬想不到，我現在不僅連累了家人，還連累了朋友及其家人。」

寒風吹著枯枝，天色暗淡得不似白日。

獄卒提著食盒過來，見到蘇軾，笑吟吟地說：「蘇大人，今天送食盒的人倒不是您家大公子。」食盒中赫然盛放著魚鮓。

「是了！獄卒說今日送食盒的人不是邁兒。大約是邁兒知我必死，已肝腸寸斷，無法見我，託別人前來送飯，讓我知曉此事。」蘇軾喃喃自語。

一瞬間，所有前塵往事掠過他的眼前，他想：自己一生為聰明所累，最終招此殺身之禍。

晚上獄卒端熱水過來時，見蘇軾滿面淚痕，慌忙前來攙扶。

蘇軾拉住獄卒的手，說道：「有勞您，待我死之後，替我給我弟弟子由送封信，算作我的遺言。」怕獄卒不肯幫忙，又慌忙解釋：「莫怕，只是兩首詩，求您幫忙！」

獄卒為之動容：「蘇大人，您名滿天下，我雖為小小獄吏，卻愛慕您的才學，仰慕您很久了。您的囑託，我一定完成。」說罷，取來紙筆，交給蘇軾。

蘇軾定定神，草草擬了兩首詩，邊寫邊落淚，最後竟泣不成聲。

獄卒在一旁也不免心酸，一道落淚。

蘇軾寫完後交給獄卒，千恩萬謝。

獄卒出門後仔細讀詩，詩為長題——〈予以事繫御史臺獄，獄吏稍見侵，自度不能堪，死獄中，不得一別子由，故作二詩授獄卒梁成，以遺子由〉（二首）：

聖主如天萬物春，小臣愚暗自亡身。
百年未滿先償債，十口無歸更累人。
是處青山可埋骨，他時夜雨獨傷神。
與君今世為兄弟，又結來生未了因。

柏臺霜氣夜淒淒，風動琅璫月向低。
夢繞雲山心似鹿，魂驚湯火命如雞。
眼中犀角真吾子，身後牛衣愧老妻。

百歲神遊定何處，桐鄉知葬浙江西。

八

「是處青山可埋骨，他時夜雨獨傷神。與君今世為兄弟，又結來生未了因。」神宗皇帝口誦這兩句詩，心有憐憫。

蘇軾詩案懸而未決已逾三月，不僅朝堂上眾臣子各執一詞，爭吵不休，就連後宮也介入這場紛爭。太皇太后曹氏為蘇軾求情，向神宗親述當年仁宗對蘇軾兄弟是如何看重：「當年，仁宗皇帝見蘇軾兄弟二人少年英才，甚為高興，親口對哀家說：『我替子孫們尋覓到了兩個太平宰相。』蘇軾如此有才幹，怎可輕易處置？」

神宗素來敬重祖母，但又覺得若輕易饒恕了蘇軾，難堵變法派悠悠之口，便沉默不語。

曹太后又道：「想我大宋，自開國起便不殺文臣，不興文字獄。如今蘇軾因幾首詩而入了臺獄，還望皇帝萬萬不要定他死罪。」

神宗見祖母大病未癒，仍苦苦為蘇軾求情，心中不忍，便應了下來：「祖母寬心養病，萬萬不要因殿前事而勞神，孫兒一定大赦天下為祖母祈福。」

「哀家患病已久，為何要因哀家的病而寬赦那些兇狠險惡之人？」曹太后拉住神宗的手，叮囑道：「哀家只要你寬赦蘇軾一個人。」

神宗本無殺蘇軾之意，加之祖母再三求情，早已決意從輕發落。今日又讀到這兩首絕命詩，更添憐憫。

元豐二年（一〇七九年）十二月二十九日，蘇軾出獄。神宗敕責授檢校尚書部員外郎，充黃州團練副使，本州安置，不得簽書公事。

走出御史臺時，唯有那名獄卒送行。蘇軾多次道謝，仍覺得報答不了獄卒的那份善意。

太陽照在雪上，反射出白茫茫的光，掩蓋了塵世間所有的黑暗與悲傷。古柏的葉子未落，卻也被雪遮住了一身綠裝。寒鴉不知去了哪裏，大約是飛去更溫暖的地方了。

「現在的烏臺便不似烏臺了。」蘇軾頭也不回地離開了。

躬耕東坡

一

元豐三年（一〇八〇年）元月初一，蘇軾啟程去黃州，長子蘇邁陪同，其他家人過些日子再來黃州。

黃州距汴京城大約千餘里，雖稱不上遠在天涯海角，但也絕不是什麼富庶風流之地。此時的汴京城仍是冰天雪地，卻熱鬧非凡。街頭處處張燈結綵，白日也有人放爆竹，穿紅衣的小兒們捂住了耳朵笑鬧著，人人喜迎新歲。

到底是汴京啊！蘇軾想。他記起曾在汴京度過的新年，集市是最美好的地方，不止元月，臘月裏汴京城的街巷中便到處可見撒佛花、薄荷、胡桃與澤州餳等物，更不消說還有新鮮的韭黃、生菜與蘭芽。除夕那日，皇宮中要舉行儺神驅邪的儀式，武士們戴著各種假面，手持金槍龍旗，進行種種表演。門神、鍾馗、判官、土地爺、灶王爺……戴假面的武士們足有千人，他們從皇宮中魚貫而出，驅逐邪祟。

此刻若我不是戴罪之身，一家人團聚在汴京城中過新年，不知有多開心。想到此處，蘇軾不免心酸，想起了家中的二子蘇迨與三子蘇過。兩人一個不到十歲，一個不到八歲，正是見到萬事萬物都稀奇的年紀。

蘇軾從獄中回家後，得知自己的許多詩文冊被妻子焚燒一空。「就是因為你寫的這些東西，我們全家才落得如此下場，我怎能不燒它？」王閏之哭著說，兩小兒緊緊地抱著父親不撒手，蘇軾唯有內疚。

此時想到他們，蘇軾依然內疚。

前面有雜耍隊伍經過，人潮擁擠，馬車停住了。

蘇軾探頭出去，卻見到三五僧人經過馬車旁。他們口念佛陀，手捧銀質沙羅，裏面放置著一尊坐姿的金佛像，用香水浸泡著。「原來是化緣的僧人。」蘇軾心道，「倒是應該給些化緣錢，可惜如今我囊中羞澀。」一僧人手持蘸了水的楊枝，從蘇軾頭上掠過，微小的水珠沁入他的額頭。那一瞬間，蘇軾忽然有些頓悟，彷彿少年時吃了松脂後在林中沉睡，忽覺有菩薩的手指拂過：黃州遠在千里之外，菩薩是在可憐我在元月作遠行客吧。人生便是一場逆旅，誰人又不是行人呢？

二

路上走了近一個月。二月一日，蘇軾和蘇邁方才抵達黃州。剛到黃州，蘇軾先是寓居在佛寺定惠院，待兩個月後家人都到齊，又搬入臨近長江的臨皋亭。

蘇軾此番前來黃州，是任黃州團練副使，本州安置，不得簽書公事。無定員，無職掌，蘇軾知曉，自己此時的身分是被貶謫的犯官。

蘇軾收到了故人章惇的來信。他與章惇自鳳翔任上便相識，此時章惇已由翰林學士拜參知政事。章惇主動寫信給蘇軾，勸勉蘇軾要「痛自追悔往咎」。蘇軾感念他主動寄藥石給生病的自己，覺得章子厚真非世俗中人，並未輕視患難中的自己。

初到黃州的那些日子，蘇軾常給舊日朋友寫信，一則聯絡情感，二則為他們受到自己牽連而道歉。這些飽含著情意與歉意的信箋寄出許久，卻不見隻言片語的回覆。一旦有患難，無復有相哀者，蘇軾早就明白這個道理，但仍然不免覺得落寞。

困在這個閉塞的地方，也沒有鴻雁傳書，情鬱於中不得發洩的他，只能寄情於天地。他的一腔孤憤化入〈卜算子〉中：

缺月掛疏桐，漏斷人初靜。時見幽人獨往來，縹渺孤鴻影。驚起卻回頭，有恨無人省。揀盡寒枝不肯棲，楓落吳江冷。

他已不再只是喜好歡歌美酒，嬉笑怒　皆成文章的才子，他還是月下獨自往來的幽人，是寂寞沙洲中的那只孤獨飛鴻。

三

蘇軾在黃州吃不起羊肉。

黃州的羊肉既少且貴，蘇軾在集市中逛了半晌，想起了鳳翔的烤羊、汴京的燒羊與爐羊。在這貶謫之地，他便是連塊生鮮羊肉也買不起。

積蓄本夠用一年，但以蘇軾之曠達豪邁，從未珍視錢財，時間一長，難免囊中羞澀。

幸好黃州被長江環繞，魚蝦豐美，還有滿山的竹筍。既買不起羊肉，蘇軾便烹魚為家人充飢：在新鮮的江鯽腹中塞入菘菜心，冷水下鍋，入鹽，依次再放入生薑、蘿蔔汁及酒，快熟時再倒橘皮線。魚肉之甘美，只有親口品嚐的人才能知曉。

可惜積蓄依舊一日少於一日，便是魚羹也不能常常食用。

馬正卿（字夢得）不遠千里來黃州拜訪蘇軾時，蘇軾家正陷入左支右絀的境地。馬正卿也是寒士，與蘇軾相識二十年，不管彼此得勢與否，兩人始終交好。蘇軾剛被貶謫黃州不久，馬正卿便來看望他。

蘇軾見故人尋來，百感交集。剛寒暄幾句，馬正卿抬頭見到滿房樑掛著錢串，吃驚地問：「子瞻，這是什麼？」

蘇軾一笑，用畫叉挑下來一串錢給馬正卿看：「一串錢一百五十文，我家人每日的花銷便是一百五十文。我遭遇貶謫，積蓄已經不多，每月只能花四千五百文，所以我每日清晨挑下一串，作為當日吃穿用度的花費。」

馬正卿見蘇軾拮据成這樣，自己卻無力接濟，只得在樑下低頭長坐，不停歎息。

蘇軾見馬正卿滿面憂慮，不以為意，反而笑道：「夢得，前些天我想了許久，終於明白我為何一直困頓。唐代韓愈以磨蠍為身宮，我則以磨蠍為命。韓愈一生顛沛，頗多謗譽，足見這個時候出生的，便沒有富貴人。夢得，你比我小八歲，卻與我一樣是磨蠍座。我與你都屬於頂頂窮困之人，但若硬是要分個高下，想來還是你更窮些。」

馬正卿本想和蘇軾討論生計，聽到這番話，哭笑不得。

四

見蘇軾一家人日子過得實在捉襟見肘，馬正卿左思右想，私下裏向郡守請求，為蘇軾求一塊無主的荒地耕種。黃州知州徐君猷大度寬厚，又格外愛惜蘇軾的才華，便將黃州城東一片荒蕪的坡地交給他耕種。

此地原先駐紮過軍隊，遍地瓦礫石塊，雜草叢生，開荒時很是艱難。蘇軾帶全家老小及友人來清除瓦礫碎石，刈草斬棘，最後竟足足整理出五十畝田地。

耕牛買回來的時候全家都很高興，尤其是蘇軾，飲了一杯自釀的蜜酒，滿臉潮紅：「從今天起，世上便多了一位田家翁。」

冬天種麥苗，夏天種稻米，也種一些蔬菜瓜果。

先前只知道吟詩作賦的蘇軾真的變成一位田家翁，常常穿戴著一身蓑笠在田間地頭耕種。不光蘇軾，蘇家所有人都用汗水灌溉著這塊城東的荒地。

莫說一向勤勞善家務的王閏之、不離不棄的王朝雲，便是蘇迨、蘇過兩個小兒，也每日勞作，不辭辛苦。

黃州人聽聞蜚聲於世的蘇軾在東坡躬耕，特意來看，卻只在田地裏看見一位汗流浹背的田家翁。

鄉民試探著問：「你是誰？」

田家翁放下鋤頭，擦一擦汗，回答：「我是蘇軾。」

東坡邊上有片廢圃，蘇軾新建五間小屋，因是在大雪時所建，所以取名為雪堂。蘇軾無錢裝點新居，只在四壁之間繪滿雪景，立於堂中環顧四周，滿目所見都是雪景。

雪堂前種有細柳，後有一口浚井，西邊有甘甜的山泉。蘇軾利用清淺水流製成一口陂塘，不僅可以灌溉東坡，也可以養魚種蓮花，又栽種了些黃桑。春日裏桑葉招展，沙沙作響，既是雪堂勝景，又能摘下桑葉養蠶紡織，貼補家用。

這樣的歲月，雖然有些清苦，卻也自由自在。蘇軾給友人寫信時，談到此時的自己，似乎有無限滿足：「有屋五間，果菜十數畦，桑百余本，身耕妻蠶，聊以卒歲也。」

芒種之後，麥子便成熟了，這是躬耕東坡以來的第一年豐收，一家人收穫二十餘石糧食。恰逢家中粳米吃完，王閏之善烹飪，將麥粒與紅小豆摻在一起，煮成飯。家中的小兒女相互調笑，說這粗糧吃起來像是吃蝨子。蘇軾大笑：「不然不然，我倒覺得頗有西北村落氣味。尤其是撒一把小豆一同煮飯，吃起來尤有滋味。」王閏之見丈夫不改舊日脾性，也笑道：「這是新樣二紅飯！」

蘇軾好久沒見過王閏之笑了。王閏之一向極少說俏皮話，縱然不是在這貶謫處，而是在繁華競逐的杭州城，她也少言寡語，只管埋頭料理家事。夫妻多年，蘇軾極少從她那裏聽到什麼新奇有趣之語。

在這窮山惡水，若不是王閏之辛勤勞作，自己何以撐得起這一大家子人的開支？想到此處，蘇軾不免有些心酸，又不想被這一桌人看見，偷偷低下頭去。

五

蘇軾決定自號東坡居士，以紀念這段不平凡的經歷。

白居易在忠州任刺史時，也曾躬耕，也曾在城東山坡上有一塊荒地。不同的是，刺史白居易種植的是花與樹：「持錢買花樹，城東坡上栽。」「東坡春向暮，樹木今何如。漠漠花落盡，翳翳葉生初。」春天到來時，滿坡雜花生樹，一定很美，蘇軾感慨著。

而今在東坡躬耕，蘇軾不再格外羨慕白居易的生活了。現在的自己，有簡樸宅院，有小小農莊，自己的東坡雖不像白居易的東坡花草連天，卻自有一番風味。

尤其一場新雨後，東坡人跡罕至，彷彿只屬於他一個人。到了晚上，蘇軾持杖夜遊，抬頭見月色清亮，側耳聽到鏗然曳杖聲。他在月色中緘默不語。種種幻身遠去，自己不再是人人稱讚的才子，也不再是受盡詬辱的犯官。如今的自己，躬耕於黃州城東一塊小小天地，精神遨遊大荒，與天地相知。

只是漸漸不為人所知而已，又有什麼可懼？今日的蘇軾，正為此欣喜。

故人來訪

一

自蘇軾來黃州，已經過了三年。

自我來黃州，已過三寒食。

年年欲惜春，春去不容惜。
今年又苦雨，兩月秋蕭瑟。
臥聞海棠花，泥汙臙脂雪。
暗中偷負去，夜半真有力。
何殊病少年，病起頭已白。
春江欲入戶，雨勢來不已。
小屋如漁舟，濛濛水雲裏。
空庖煮寒菜，破灶燒濕葦。
那知是寒食，但見烏銜紙。
君門深九重，墳墓在萬里。
也擬哭途窮，死灰吹不起。

在這第三年的寒食時節，蘇軾擬就〈寒食雨〉二首，又一時興起寫下來。黃庭堅看了大加讚賞，認為蘇軾的筆法精進，有顏真卿、楊凝式、李建中的筆意。這些年來，黃庭堅、晁補之、秦觀、張耒等人先後拜入蘇軾門下，相互之間多有詩詞唱和，足以為樂。

在黃州的這幾年，蘇軾與舊日的朋友們逐漸恢復了聯繫。有人途徑黃州時前來探望蘇軾，更有人不遠千里來看望他。巢谷便是其中一位。

看到巢谷的時候，蘇軾又驚又喜。

巢谷（字元修）本是眉州人，在蘇家兩兄弟幼年時就相識。不善讀書的巢谷自幼便任俠擅武，雖在眉州隨先生上過學，也曾進京趕過考，卻名落孫山，轉而考武舉人，依舊落選。

「元修兄，你與我兄弟在眉州一別，不料竟在黃州相見！」在貶謫地見到故人，千言萬語，蘇軾不知從何說起。

巢谷說起別後境遇，讓蘇軾瞠目結舌：考場敗北後，巢谷向西北進發，去河州一帶討生活，因此結識了名將韓存寶，深得韓將軍信賴。元豐三年，也就是蘇軾被貶黃州的這一年，韓將軍奉命去瀘州一帶平息部落叛亂。韓將軍一生戎馬西北，不熟悉西南形勢，特意邀請巢谷來軍中做參謀，但最終仍打了敗仗。韓將軍自知會被朝廷問罪，幾乎必死無疑，便偷偷召來巢谷，將自己的百兩銀錢相託付，請他找到自己家人，交予他們。巢谷向韓將軍允諾，一定會將財物交到他家人手中。從此，巢谷改換姓名，帶著銀子一路跋涉，歷時許久，終於找到了韓將軍的兒子，將銀錢一分不少地交給他。

巢谷像是在說著一件平淡的小事，蘇軾卻聽得胸中波瀾起伏，歎道：「元修兄啊，你哪裏像是這個時代的人，你真真像是個古人！」又追問：「那韓將軍最後如何了？」

「韓將軍果然被朝廷處死了。」巢谷面有哀色，良久之後才緩緩道：「我是韓將軍的參謀，韓將軍因平亂失敗而亡，我也受到牽連。這幾年我一直隱姓埋名，在江淮一帶躲避追捕。直到最近朝廷大赦天下，我才敢以真面目示人。子瞻，你名滿天下，我在江淮一帶隱居時，就聽說你因詩案被貶黃州。如今我已是自由身，與你多年不見，理應前來黃州探望你。」

蘇軾哈哈大笑，道：「人生不如意十之八九，你我皆是不如意之人。」

巢谷素來豪爽，也隨之大笑。

蘇軾見巢谷古風尚存，精神也為之一振，向巢谷介紹：「黃州雖貧瘠偏僻，有一樣東西卻好。此地土豬滿山都是，滋味甘美，但本地人不喜歡吃豬肉，豬肉價賤如土。元修兄，你既來了黃州，一定要嘗嘗這土豬肉。」

巢谷連聲稱好。

蘇軾全家在黃州一住好幾年，吃穿用度都很節儉。蘇軾到了黃州後，經濟拮据，可以說是數著銅板度日，幸好黃州土豬滿山跑，當地人卻不愛吃，因此便宜得很。蘇軾討了便宜，為此得意地作了〈豬肉頌〉：

淨洗鐺，少著水，柴頭罨煙焰不起。待他自熟莫催他，火候足時他自美。黃州好豬肉，價賤如泥土。貴者不肯吃，貧者不解煮，早辰起來打兩碗，飽得自家君莫管。

二

巢谷隨蘇軾一家在黃州住了許久。他們一起在東坡墾荒種田，一起同訪客泛舟赤壁，作詩飲酒。

期間也有別的同鄉來黃州相訪。眉州道士陸惟忠帶來蘇軾同窗陳太初的消息，說他修道已有所成，不日或可成仙。

陳太初？蘇軾回想起昔年和陳太初一起在天慶觀隨張道長讀書的日子。如今太初已得道，而我卻落入這仕宦的牢籠。蘇軾有些悵然。

他已經有許多年不曾回故鄉了，但未嘗有一日敢忘懷故鄉。故鄉奔流不息的岷江水是不是如黃州的長江一樣？

蘇軾想起七歲那年見到的峨眉老尼。老尼說自己曾隨師父進過蜀主孟昶的宮，見過花蕊夫人，還聽見過蜀主念詩。花蕊夫人早已不在人世，便是那眉山老尼，也已死去多年了。蘇軾在黃州的夏夜忽然想起故鄉，想起他們，填了一闋〈洞仙歌〉：

冰肌玉骨，自清涼無汗。水殿風來暗香滿。繡簾開、一點明月窺人，人未寢、攲枕釵橫鬢亂。　起來攜素手，庭戶無聲，時見疏星渡河漢。試問夜如何，夜已三更，金波淡、玉繩低轉。但屈指、西風幾時來，又不道、流年暗中偷換。

在歷史的滾滾浪潮中，人是多麼的渺小，小到猶如山中的一顆塵埃，如長江濺起的一滴水珠。蘇軾已逾不惑之年，兩鬢生出了白髮，早年致君堯舜的理想在黃州這座江邊小城一點一點消散。人生不永，壯志難酬，古已有之，所以宋玉悲秋，王粲登樓。蘇軾想：便用一杯水酒，消弭這亙古的悲吧！

大江東去，浪淘盡，千古風流人物。故壘西邊，人道是，三國周郎赤壁。亂石穿空，驚濤拍岸，卷起千堆雪。江山如畫，一時多少豪傑。　遙想公瑾當年，小喬初嫁了，雄姿英發。羽扇綸巾，談笑間，檣櫓灰飛煙滅。故國神遊，多情應笑我，早生華髮。人生如夢，一尊還酹江月。

三

巢谷說自己要繼續雲遊。蘇軾捨不得他離開，但巢谷去意已決。

兩人來到江邊漫步話別。對著滔滔江水，巢谷忽然掏出一個小小布囊，神情肅穆地說：「子瞻，我家有一個祖傳祕方，可以治療瘟疫，名為『聖散子』。黃州依山傍水，風景秀美，可我總覺得山林中或許會有瘴氣。若不幸發生瘟疫，『聖散子』藥方可以救你全家於危難。」

來到黃州後，蘇軾一直受病痛折磨，聞說有祕方可治瘟疫，喜不自禁。剛想伸手接藥方，卻被巢谷擋住：「子瞻，你和子由都是我的知己。雖然『聖散子』是我家傳古方，祕不示人，我依舊願意交給你。但你必須答應我，不能將此方示人。」他指著滔滔江水，面容誠摯地說：「子瞻，你若答應，就在這長江前起誓。」

蘇軾轉身對著長江水莊嚴起誓，巢谷將布囊塞進他手中。

蘇軾小心翼翼地拿出聖散子方，見上面羅列的藥品不過是肉豆蔻、石菖蒲、茯苓、柴胡、麻黃、白朮、澤瀉、藿香等常見藥物，不由心生狐疑：「元修兄，聖散子所列的都是些常見草藥，果真有如此奇效？」

巢谷目光灼灼地說：「子瞻，此方必能保你全家無虞。」

四

黃州的瘟疫突如其來。

春夏之交，前一刻還在街巷上行走的人，轉瞬間便倒地不起。周圍的人慌忙前去攙扶，只見病人面色蒼白，不停地打寒顫，口角似有白沫溢出，伸手去探，竟全身發燙。

「這幾天街市上已經倒下好幾個了，莫不是疫病？」人們七嘴八舌地議論。

店鋪老闆當即拴上店門，只留一個狹仄的小窗遞貨取錢。街上行人四散，不敢再聚眾閒逛，紛紛跑回家關門閉戶。富戶們三三兩兩派家僕來城中藥鋪，開些祛熱解毒的方劑回家煎煮。

藥鋪雖人滿為患，但疫情並不見好轉。常常聽說城中百姓在家發熱急喘，不幾日便離世。家人怕疫情擴散，紛紛將亡者草草下葬，一時間喪儀樂聲此起彼伏，連山路的泥沙中都裹著新疊的紙錢。

或許是連續降雨導致的濕毒太重，蘇軾渾身發燙，眼睛癢漲難耐，取來銅鏡對照，發現雙眼竟然赤紅。家人七嘴八舌地商量，要去藥鋪買藥來治。蘇軾想起巢谷離開之前所贈的聖散子方，讓家人按藥方去藥鋪抓藥。

「這是巢谷留下的祕方，不知是否有效。待我先試藥，若真的有用，再告訴黃州人。」蘇軾並沒有忘記自己在江水前立下的誓言，他並不願意違背朋友之間的承諾，只是在全城百姓的性命面前，一切都無足輕重。

黃昏時蘇軾服下一劑湯藥。說來奇怪，滾燙的湯藥入腹，燥熱的身體卻漸漸降下溫來，蘇軾只覺得周身舒緩。

第二天，蘇軾起床盥洗，家僮看了看他，驚喜地說：「老爺，您的眼睛完全好了！」

蘇軾對鏡自照，果然如此。欣喜之餘，他又拿起聖散子方，在桌前仔細核算。聖散子方所列的草藥沒有珍稀名貴品種，所以配置起來不大費錢，即使是不太寬裕的人，也吃得起幾帖方劑。何況這藥起效快，患了疫病的人並不需要長期吃藥，尋常人也不會因服此藥而致貧。

想到這裏，蘇軾忍不住撫掌：「元修啊元修，只有你這般奇人，才有這般奇藥！」

蘇軾將聖散子方告訴患疫病的左右鄉鄰。鄉鄰都敬佩蘇軾是天下聞名的大才子，自然相信他，紛紛配藥服下。

不過幾帖方劑而已，前一日還臥病在床哀嚎不止的人迅速好轉，再過一日，已經可以下床行走，好像從來不曾染上過瘟疫。

一傳十，十傳百，黃州人都知曉了聖散子方，紛紛配來用水煎服，病患逐漸少了起來。待到夏末，這場來勢洶洶的瘟疫就過去了。

五

監筠州鹽酒稅的蘇轍來信，說筠州城突發瘟疫，橫死者眾多，自己憂心不已。蘇軾隨信附上巢谷的聖散子方，又詳細介紹了在黃州治療瘟疫的經驗。

不久後蘇轍又來信，說自己親自製作聖散子藥方，又煮好糜粥，一起送給患疫病的百姓，瘟疫很快得到控制，救活無數的筠州百姓。

放下弟弟的信，蘇軾又想到了巢谷。他常和巢谷回憶故鄉風土，眉州山中長著一種野菜，春末夏初時漫山遍野地瘋長，採擷回家烹煮，鮮美可口。雨後黃州山中有鮮竹筍，有滿目的野菜，但蘇軾與巢谷滿山尋了很久，也找不到故鄉的那種野菜。

巢谷臨走之前還說，待他返鄉之後會託人把這種野菜籽捎來，若春耕時栽種，細心照料，在黃州也能吃到故鄉的野菜。

這年早春，果然有眉州鄉人捎來野菜籽。蘇軾欣喜不已，春天在東坡撒籽栽種，不過一個夏天，野菜茂盛到已在桑樹上攀爬。放上一些佐料，野菜便鮮美可口，家中人人愛吃。孩子們不止一次地問蘇軾這種野菜叫什麼名字，蘇軾遍尋《詩經》中草木之名，也說不準確。

如今，蘇軾告訴孩子們，這野菜就叫元修菜。

江寧王公

一

元豐七年（一〇八四年），蘇軾自黃州團練副使量移汝州團練副使。從長江沿岸的黃州向中原汝州進發，要途經許多名勝之處，蘇軾攜家小一路前行，一路觀賞。廬山、石鐘山的鐘靈毓秀，已非文字可以描述，蘇軾如同剛飛出囚籠的鳥兒，被眼前美景吸引，處處流連。

再沿江而上，便是江寧。江寧住著一位赫赫有名的大人物：王安石。自熙寧九年（一〇七六年）罷相之後，王安石便一直居住在江寧的半山園，很久不問世事了。雖說王安石如今已不是宰相，門生故吏卻遍及朝野，更不用說還有神宗皇帝的時時掛念。

蘇軾想前去探望退隱江寧的王安石，卻有些躊躇。

蘇軾自詡是個磊落之人，本不該如此舉棋不定。但天下人誰不把他蘇軾當成是舊黨中人？舊黨與新黨相互敵視，黨爭頻繁似乎永無止境。不要說多年來他與王安石政見相左，便是他蘇軾遭此貶謫大難，也是拜新黨中人所賜。

二

蘇軾還記得父親說過與王安石第一次見面的場景：大約是嘉祐年間，蘇洵在歐陽修府上見到王安石。滿座人高談闊論，唯獨座中有一個人不言不語，低眉垂首，頭髮鬍鬚都亂成一團。

蘇洵有些好奇此人是誰，等此人一離開，便問歐陽修：「不知剛才那個囚首喪面的人是誰？」

歐陽修吃驚地說：「他就是名滿天下的王安石啊！你竟然不認識他？」

蘇洵搖搖頭說：「依我看來，此人不近人情，將來必亂天下。他若當朝得志，就算是聖明的君主，也會被他欺騙迷惑。不知歐陽公為何與他來往？」

蘇洵父子三人曾得到朝廷大員張方平舉薦，與張方平關係十分親近；張方平對王安石的政治思想極為牴觸，蘇洵也是如此。一言以蔽之，兩人的政治觀點分歧較多：在治國之道上，王安石強調改革變法，而蘇洵重視整頓吏治；在經濟上，王安石認為治財之道在開源，而蘇洵卻在〈上皇帝書〉中說應當以節儉為本。

父親蘇洵的激烈態度自然也影響了蘇軾與王安石的交往。蘇軾還記得，嘉祐五年（一〇六〇年），王安石曾寫過一篇制詞給自己，滿是器重，認為自己日後一定堪當大任。而自從父親蘇洵與王安石的矛盾激化之後，王安石與蘇軾便再無多少交往。

三

治平三年（一〇六六年），蘇洵卒於汴京，蘇軾、蘇轍兄弟扶靈返故鄉丁憂三年。等到丁憂期滿，兩人於熙寧二年（一〇六九年）重新回到汴京城時，面對的是一個迥然不同的時局：宋英宗病逝，神宗繼位後認同王安石的政治主張，對王安石格外信任。而當年對蘇軾兄弟格外器重的老臣們（富弼、韓琦、歐陽修、張方平……）都已退出政治舞臺。

王安石以變風俗、立法度為志向，一上臺便推行變法，手段異常激烈，因此很快引發了朝堂眾臣的分裂，本是同朝為官的臣子，卻彼此相互視為讎寇，最終陷入難以調和的境地。范鎮向神宗舉薦蘇軾作諫官，不料新黨的謝景溫彈劾蘇軾，說蘇軾趁父親亡故回蜀丁憂之際，在舟中裝載貨物、販賣私鹽。

此番彈劾雖不了了之，但蘇軾有些心灰意冷。熙寧四年（一〇七一年），蘇軾自請外任，任杭州通判，與新黨之間的矛盾似乎暫告一段落。

杭州任上，蘇軾幾乎閉口不提王安石與變法，偶爾有零星牢騷，都寫入詩中。「官今要錢不要米，西北萬里招羌兒。龔黃滿朝人更苦，不如卻作河伯婦。」蘇軾還記得在浙江看見的那個田家婦人，在雨災與新政的夾擊之下無以為生。為了繳納官府的稅錢，貧窮的農人們只得賣牛、拆房換錢。新政出現這樣的流弊，怎不令人扼腕痛惜？

也是在杭州通判任上，蘇軾聽到了王安石罷相的消息。

王安石的變法新政歷經坎坷。自熙寧三年到熙寧九年，六年時間中，不光舊黨時有抨擊，便是連新黨內部也矛盾連連，互相傾軋。

熙寧七年（一〇七四年）春，天下大旱，飢民們流離失所。一些大臣指責王安石變法導致了這一惡果，更有人繪製了流民旱災困苦圖，呈交神宗皇帝，力諫罷免王安石。後宮中的太皇太后曹氏與太后高氏向神宗哭訴，說是王安石亂了天下。種種壓力之下，神宗罷免了王安石的宰相職務，改任觀文殿大學士、知江寧府。這是王安石的第一次罷相。

當蘇軾察覺新法並非一無是處時，是在密州知州任上。蘇軾將新法中的免役法轉變成「給田募役法」，收取役錢之後，不直接以役錢來雇人服役，而是將役錢用來買田，然後用田產來募役。這種舉措帶來了很好的效果，在給神宗皇帝上書的〈論給田募役狀〉中，蘇軾提到了變通性改革帶來的實際好處。

熙寧八年（一〇七五年），呂惠卿在陳州上書，揭發王安石在給他的私人信件中有「無使上知」之類的言辭。因此，王安石在熙寧九年第二次罷相。

消息傳來，蘇軾很是吃驚。那時他還不知王安石罷相後，當權的新黨中人會將自己彈劾入獄，繼而貶往黃州。

想到這裏，蘇軾有些激動。他知道，幾年前他下獄，故交好友全力營救、上書請赦自不必說，王安石、王安禮兄弟亦先後向神宗上書，保自己性命。王安禮上書說：「自古大度之君，都不會以言罪人，若對蘇軾處以極刑，後世人一定會說陛下不能容才。」王安石雖然已經罷相，卻依舊是神宗看重的人，他的一句「哪裏有盛世殺文士的道理」，為蘇軾平安落地又增加不少砝碼。

四下無人時，蘇軾偶爾會沉思前事：我少年時，確實過於妄論利害，讒說得失，對變法只是一味指責，有很多需要檢討之處。王安石力行變法，本意是想富國強民，並沒有什麼錯，只是急功近利，才造成了種種不妥。

四

元豐七年（一〇八四年）七月，蘇軾乘舟到了江寧。

江水緩緩流過，蘇軾站在船頭，看見盛夏的江南綠意盎然，映得江水一片碧綠。

「上一次見王公，已是許多年前的事了。」蘇軾心想。他記憶中的王安石，還是當年那個不苟言笑的宰相。

離岸愈來愈近，還能嗅到岸邊香樟樹隱隱傳來的香氣。岸邊有位老者騎驢緩行，蘇軾仔細一看，這位老者就是王安石。

兩人對望，彼此胸中湧起萬語千言。早年那個鋒芒畢露的才子蘇軾，如今已是長期謫居的中年人，而當年朝堂之上風光無兩的王安石，歷經親信背叛、獨子早逝，也已退閒金陵多年。

王安石下驢剛站定，蘇軾便上前幾步作揖，說道：「蘇軾今日前來拜見王公，卻穿著便裝，多有失禮。」

王安石見蘇軾一身粗衫布衣，看起來與江寧百姓無異，於是朗聲大笑，握住蘇軾的手：「塵世間這些繁文縟節，豈是為你我這樣的人而設？子瞻，從我見你第一面起，就覺得你是天下不可多得的人才。直到現在，我依舊這麼想。多少年過去了，如今我已年過花甲，而你，也是兩鬢斑白了。」

蘇軾趕忙道：「蘇軾當年入臺獄，幾乎有殺身之禍。感念王公不念舊惡，為我仗義執言。」

王安石搖頭道：「我與你之間的恩怨只關乎國家與社稷大事，卻從來不是為了蠅營狗苟的私利，我們之間並無私怨。我從來都這麼認為，料想子瞻你也是如此吧。」

在江寧王安石的半山園，蘇軾住了一個多月，與王安石朝夕相處，或登山賞景，或談詩作賦。蘇軾看見的，是一個超脫政治之外、友善平和的王安石。昔日朝堂上那個雷厲風行、敢冒天下之大不韙的宰相王安石已經不見了。在充斥著黨爭的歲月蹉跎中，王安石變成了現在這個荒野中騎驢獨行的老人，帶著滿面病容。

筵席中，王安石與蘇軾談論過往，都不勝唏噓。蘇軾心中有萬千感慨，抬頭卻看見王安石只吃眼前一盤苦筍，不由想起當年自己在汴京時，館閣中人說王公不在意吃穿，聚餐時向來只吃眼前的一盤菜；又說王公從來不掛念小事，連洗澡都要旁人再三相勸，以至於經常滿面塵垢，看起來像是得了重病。想起這些傳言，蘇軾不由莞爾。

「子瞻，依你看，江寧好不好？」王安石素來不拘小節。

「江寧自然好，倚枕六朝煙雨，歷來是富貴之地。」

王安石笑：「確實如此，千里澄江似練，翠峰如簇，景色何其壯美。子瞻，你不如在江寧買田置宅，與老夫為鄰。」

「之前我從未有幸隨王公遊學，我恨不得十年之前就在江寧買田，能得陪王公老於鐘山之下。」說這些話的時候，蘇軾並非虛與委蛇。

一個多月後，蘇軾離開江寧。他已經有許多年不曾像現在這麼輕鬆快樂了。這次來江寧見王安石，既是為了私交，更是一種政治上的和解。

蘇軾離開時，王安石騎驢相送。望著遠去的船，王安石歎息一聲，說道：「像蘇子瞻這樣的人物，不知以後幾百年才能再出一個。」

政治上的對立只是一時之爭，而對彼此道德及人格的評價才稱得上永恆。「我很久以前就想在您門下遊學，可惜一直沒有機會。而今相處甚久，您的教誨讓我受益匪淺，真乃我平生一大幸事。」蘇軾後來寫信作詩給王安石，這樣誠懇地說。

五

元祐元年（一〇八六年）四月，王安石於江寧去世，終年六十六歲。

消息傳到汴京，蘇軾在案前坐了許久。一年多來，他時常感慨命運之手翻雲覆雨。他沒有聽從王安石的勸告，在江寧買田置產，而是上書神宗皇帝，乞求在常州定居。得到神宗皇帝應允，蘇軾很是高興，掏出全部積蓄，在常州購置了一處房產。

元豐八年（一〇八五年）三月五日，正值壯年的神宗皇帝駕崩，哲宗繼位。哲宗當時還不到十歲，無力料理國家大事，由祖母高太后垂簾執政。高太后重新啟用已賦閒多年的司馬光擔任宰相，主持國事大計。司馬光廢除新法，貶斥一眾新黨人物，重新召回貶謫在外的舊党人士。

已準備在常州養老的蘇軾沒料到，自己會在短時間內一步步擢升：元豐八年（一〇八五年）五月六日，被任命為朝奉郎，知登州；九月十八日，任命為禮部郎中；十二月十八日，任命為起居舍人；元祐元年（一〇八六年）三月十四日，免試任命為中書舍人；九月十二日，任命為翰林學士，知制誥。

從一名小小貶官到翰林學士，蘇軾只用了十六個月。「王公啊王公，人生真可咍（譏笑）。」蘇軾寫詩遙寄王安石：

秋早川原淨麗，雨餘風日清酣。
從此歸耕劍外，何人送我池南。
但有樽中若下，何須墓上征西。
聞道烏衣巷口，而今煙草萋迷。

烏衣巷口煙草萋迷，江寧岸邊送蘇軾歸去的老者也已逝去。斯人已歿，但蘇軾與他惺惺相惜的情感並沒有隨之而終結。

沒有終結的，還有黨爭。

蘇門六君子

一

元祐元年（一〇八六年）六月，汴京城，恰逢學士院考試結束，考生們魚貫而出，彼此交談著。

酷暑難耐，張耒（字文潛）體胖，最是怕熱，在烈日下汗流浹背。

「六月火雲蒸肉山，文潛這身肉山，可真是遭了罪。」黃庭堅（字魯直）拍著張耒打趣。

晁補之（字無咎）指著前方說：「曹家從食就在前面，咱們不如去吃些漿，也好讓文潛兄消了一身暑氣。」

三人笑著向朱雀門走去。

按北宋官制，凡文士被授予館職，必先登第，有仕宦經歷，再經官員保薦，才可來學士院參加考試。

黃庭堅、張耒與晁補之三人皆是蘇軾門生，由蘇軾舉薦而來。這次考試，主考官也正是蘇軾。

涼漿、冰雪、甘草湯最是消暑，他們各要了一份。張耒對晁補之說：「待天氣轉涼些，我們一起去探訪履常吧！」

履常便是陳師道，自元豐八年以來，陳師道寓居於汴京東南陳州門一帶。陳師道文章卓絕過人，卻不願參加科舉，年過三十還是一名布衣。

張耒又說：「今年春天我去探訪履常，他家徒四壁，卻泰然處之。我勸他應舉出仕，又寫信規勸，履常回信卻說，他多病心衰，且已錯過建功立業的好時機，不打算出仕。」

黃庭堅長歎一聲，說道：「元豐七年，我由大名府移監德州德平鎮，途中路過潁昌，與履常相識，一見如故。履常為人獨立不遷，從不趨炎附勢、攀附達官顯貴，他的安貧樂道讓我想起居陋室而不改其樂的顏回。對他，我只有欽佩。」這幾人中，黃庭堅年紀最大、入仕最早，轉任各地，見過各種各樣的人，更覺得陳師道品格之可貴。

張耒神色有些無奈地說：「是啊！我見他貧病交加，卻依舊賦詩寫文，想幫襯他，卻是有心無力。」

晁補之有些激動地說：「世人都說他行為乖張、性格孤僻，哪裏知道他才華橫溢！他學知聖人之意，文有學者之風，如果有好時機，咱們還是要舉薦履常。」

「不管如何，我們能在汴京聚首，便是身處斗室，也甘之如飴。記得元豐二年，無咎你赴京應舉中第，當時我正在國子監教授任上，你我二人相識，切磋詩藝、品評天下事，那些日子真是令人歡愉。」回憶往昔，黃庭堅百感交集：「還記得蘇公的詩『不辭青春忽忽過，但恐歡意年年謝』。回憶往昔，真是萬語千言也說不盡。現在我們一眾友人能聚在汴京，也是人生一大幸事。」

二

蘇軾自元豐八年自登州被召回京師，飛速擢升。在他的舉薦下，黃庭堅、張耒、晁補之三人都被授館職。除陳師道外，蘇門六君子中還有秦觀與李廌（字方叔），六人中李廌年齡最小。秦觀於元豐八年登第，任蔡州教授，此時尚不具備入館的資格。

元祐三年禮部試，蘇軾知貢舉，黃庭堅是參詳官。六君子中年齡最小的李廌應試。「李兄大才，這次知貢舉的主考官是蘇學士，參詳官又是黃魯直，李兄快些備下酒宴，到時候我們來為李兄賀喜！」旁人紛紛提前恭喜李廌。

此次科舉可謂天時地利人和，不用說蘇門中人暗喜，便是李廌自己，也覺得中舉是板上釘釘之事。

揭榜時，李廌竟然名落孫山。蘇軾大驚，將李廌的試卷拿過來看，確實不在前列。消息傳出，人人大驚。

李廌跌跌撞撞地往家走。家中年老的乳母正翹首盼望，聽到李廌未能中舉的消息，不由得痛哭出聲：「你多年苦讀，文章高於眾人。此次科考主考官是蘇學士，你都沒能中舉，以後哪裏還有中舉的機會？」

李廌更是痛苦萬分，一夜無眠。第二天起床，李廌見乳母房間仍舊門窗緊鎖，心中有一種不祥之感，撞門進去，發現乳母已自縊多時。

元豐年間，李廌曾赴黃州拜謁蘇軾，蘇軾一見李廌便認為他是個奇才，極為珍視這個弟子。李廌在蘇軾門生中年齡最小，不光蘇軾憐惜，年長的黃庭堅也對他呵護有加。李廌文章有許多過人之處，筆勢翩翩，存有古風。此次科舉，蘇軾與黃庭堅共同參加禮部試的選拔工作，卻無法提拔李廌於士林之中，兩人深感沮喪。

「今年持橐佐春官，遂失此人難塞責。」蘇軾借黃庭堅詩抒發自己的遺憾。

李廌離京之前，又去拜謁蘇軾。蘇軾聽聞他乳母自縊之事，既擔心他就此一蹶不振，又擔心他家業貧寒無以為生。「你文章一向過人，筆勢翩翩，像是出自古人手筆。此次沒能提拔你於士林，真是太可惜了！」蘇軾滿是歉意。

李廌回道：「是李廌自己學業不精，辜負學士厚望。」

蘇軾搖搖頭，又勉勵他：「來日方長，未來自是可期。」

蘇軾帶李廌來後院，指著一匹駿馬說：「老夫剛剛得到一匹天廄馬，寶馬贈名士，你既要離開京城，老夫便將這匹天廄馬送給你。」

李廌尚未開口，蘇軾已將馬券塞入他手中。李廌眼中一熱，蘇軾墨寶千金難求，有此馬券，此馬價增十倍。

黃庭堅也憂心李廌貧困無依，擔心他將來賣馬時會遭受別人的白眼與非議，特意為馬券做跋。

師長、同門的拳拳情意，都在這馬券與跋文中。

三

這一年令蘇軾煩心的事情不止於此。

秦觀被蘇軾與諸人聯名舉薦，應賢良試。此時，以程頤兄弟為代表的洛黨與以蘇軾為代表的蜀黨正在交惡，相互攻訐。秦觀因此被誣陷了罪名，雖然最終被證明完全是無中生有，秦觀也只能託病辭官，回到原籍。

看著被誣陷的秦觀，蘇軾彷彿看見當年被新黨誣陷趁丁憂販賣私鹽的自己。黨爭不止，何日是盡頭？

元祐五年，秦觀受范純仁、蔡肇舉薦，得到了館職。元祐六年六月，改遷祕書省正字。兩個月後，又因政治風波被罷免。

六君子因仰慕蘇軾之人、之文而拜於蘇軾門下。才華橫溢、文風各異的六位文士形成了這個文學集團，又因文學成就而被冠以「君子」稱號。哲宗親政後，六君子因與蘇軾的特殊關係，歷經坎坷。但縱然六君子遠貶荒蠻，相去萬餘里，彼此間的詩詞唱和、同氣相求，成為貶謫生涯中的精神支柱。

誠如蘇軾所言，六君子「不有益於今，必有覺於後，決不碌碌與草木同腐」。

貶謫惠州

一

從英州到惠州，蘇軾一行足足走了半年。

高太后去世後，哲宗親政，重新重用新黨人物，元祐舊黨被一一貶謫。蘇軾本已自請外任定州，卻遭遇一貶再貶，從正六品的英州知州降為寧遠軍節度副使，惠州安置，不得簽書公事。此時，蘇軾已六十歲。不同於當年被貶黃州時全家人一同遷徙，此次貶謫惠州，除了兩名侍女，只有小兒子蘇過與侍妾朝雲跟隨。

到惠州時，已是深秋。嶺南的氣候遠比北地溫潤宜人，雖是深秋，卻毫無肅殺之景色，暖風熏人，遠望江水碧波蕩漾。

舟還沒靠岸，朝雲就看見岸邊擁擠著數不清的人，驚奇地問：「今天莫不是什麼節慶？怎麼江邊這麼多人等著渡舟？」

蘇軾細看，岸上的男女老幼比肩接踵，把合江渡圍得水泄不通，正心生疑惑，卻聽見人群中傳來一句：「舟中可是蘇學士？」雖說的是官話，卻帶著濃重的嶺南尾音。

「正是老夫。」蘇軾含笑點頭，原來這些父老鄉親齊聚碼頭，是為了迎接自己。碼頭上的人們發出了興奮的呼喊，讓那一江秋水都起了波瀾。

二

蘇軾寓住在合江樓。合江樓本是東江與西枝江合流處的一處江樓，按理來說，身為貶官的蘇軾沒有資格住在合江樓，但是惠州知州詹範素來敬仰蘇軾，便特意安排他們一家入住。

惠州雖地處偏遠，卻山川秀美，民風淳樸，蘇軾住了半年，逐漸習慣南國風物。

初春時候，蘇軾倚窗向外看去，寶巾花四季常開，終年不凋謝，沿牆攀緣，真是繁花似錦。他心想：「便是嶺南有萬般兇險，卻終日鮮花不謝。」但一想到昨日聽到的消息，臉色逐漸黯淡下來。

友人告訴蘇軾，程之才已到廣州，不日便要前來惠州巡查。聽到消息的蘇軾，在江邊走了許久，千般往事湧上心頭……

那是許久以前的事了，蘇軾在心頭默默回憶，不知不覺已經過了四十多年。

那時蘇軾還是少年，唯一的姊姊蘇八娘嫁給舅舅的兒子程之才，表兄就成了姊夫。蘇軾還記得那日婚宴的熱鬧，眉州鄉親誰不交口稱讚這樁親上加親的婚事？

誰也想不到，八娘結婚後沒有得到公婆善待。不久後，八娘便有了身孕，幾個月後，八娘誕下一子與身染沉痾的消息同時傳來，蘇軾兄弟前去程家探望，看見姊姊虛弱得話也說不出來。而程家人對八娘漠不關心，甚至連大夫也沒請。

蘇洵心痛不已，將愛女接回家中調養身體。回到娘家的八娘在父母弟弟的愛護下，身體逐漸好轉，剛出生不久的小兒每日咿咿呀呀很是可愛，八娘的笑容也一日多過一日。不料八娘的身體剛有起色，程家人便以「不歸覲」為由，來蘇家奪走了八娘的孩子。八娘是新產婦，又患病未痊癒，身體本就虛弱，遭夫家橫加指責後又失去兒子，痛不欲生。雖有大夫醫治，八娘的病勢卻急轉直下，含恨而終。

八娘死後，蘇程兩家自此絕交。

江邊的柳絮飄飛，迷住了蘇軾的眼睛。蘇軾舉起袖子，拭去滿腮的眼淚。

我剛到惠州半載，朝廷便任命程之才為廣南東路提點刑獄公事，怎麼會如此巧合？難道真如旁人所說，是當朝宰相章子厚知道我蘇程兩家有宿怨，便想借他之手處理我老東坡？是了，當年謝景仁誣陷我趁丁憂回蜀之際販賣私鹽，作證汙我清白的，不也有這位程家表兄？

月亮自江邊升起，撒下滿江清輝。蘇軾歎了口氣，往回走時，驚起一行白鷺。

三

程鄉縣令侯晉叔來惠州探訪蘇軾，帶來一壺酒。「蘇公，來嘗嘗我們程鄉的酒，看比不比得過您自釀的羅浮春！」

蘇軾哈哈大笑。先前他自釀羅浮春，多飲了幾杯後便醉臥松石上，今日侯晉叔提及此事，不由開懷一笑。

「蘇公，我此番是要前去廣州。」侯晉叔笑著說。

蘇軾心裡一動，但還是有些猶豫。蘇程兩家經年恩怨，而且自己現在是個貶謫之臣，他不清楚這位程家表兄是否會接受自己的問候。

十日後侯晉叔自廣州返回，帶來故人的問候。程之才感念蘇軾的記掛，願與蘇軾相見。

既是情理之中，也是意料之外，蘇軾欣喜萬分，立即修書一封寄給程之才，請他來惠州相見。

程之才結束番禺按察前來惠州探望時，已是三月初。蘇軾讓蘇過坐船去迎接程之才，見面時，蘇軾與程之才對望許久，四十多年的糾葛過往，彼此都不知從何說起。

蘇軾看見程之才身邊還有一位少年，有點詫異。程之才指著少年說：「這是我家十郎。」少年向蘇軾拜了一拜，叫了一聲「表叔」，蘇軾胸中一熱，明白了程之才的用意：自父輩結怨以來，蘇程兩家兩代人已經四十多年不曾來往，仇怨應當終了，下輩人應該有往來，化解先前的恩恩怨怨。

筵席上，蘇軾與程之才飲酒敘舊。

「我晚年竄逐海上，想不到能與老兄重逢。」蘇軾喟歎，「古人以三十年為一世，我們老兄弟已四十多年沒見過了。回想起來，怎不令人唏噓？」

程之才已有些醉意，說道：「子瞻，記得二十餘年前，我在席間聽人唱你的《醉落魄》，其中『家在西南，長作東南別』一句，我至今不忘。如今我已逾花甲，想起前事，真是恍如夢中。」

蘇軾也感慨萬千：「這是我在杭州任上所作，沒想到老兄居然還記得。」

蘇軾沉吟了一下，又說道：「昔年我在杭州，正逢江南連綿秋雨，百姓本就遭殃，而新政只要錢不要糧，許多農民不得已販賣耕牛，或者去城裏乞討。現在惠州糧食豐收，米價大跌，官府收稅只要銀錢，農民沒有辦法，只得低價賣米。想來整個嶺南都是這種情形。老兄，米賤傷農啊。前幾日我已向惠州知州詹範提過建議，今朝得見老兄，也望老兄向朝廷彙報此事，允許農民自行選擇交糧還是交錢銀。」

程之才見蘇軾已被貶嶺南，還有兼濟天下的志向，心中感佩，慨然說道：「我會向朝廷稟報。」

蘇軾舉起酒杯，表示感謝，又說：「還得謝謝老兄所贈的奇珍之物。」

程之才笑著搖頭，說道：「不過是小小蜂蜜等物，不值一提。子瞻，我記得你小時候便好吃，如今來到嶺南，鮮果到處都是，『日啖荔枝三百顆』也不在話下吧？」

蘇軾將程之才父子一直送到博羅，約好下次來惠州時，同遊羅浮山。

不久後蘇軾收到程之才來信，說米賤傷農之事已上奏朝廷，朝廷已恩准奏議。隨信又寄來了蜂蜜與肉蓯蓉。

蘇軾提筆擬完回信，正嗅到窗外薑花的香，一時心動，佇立窗前。這樣的夜晚，他有心喝上一盞羅浮春。

四

紹聖三年（一〇九六年），蘇軾在惠州城西郊的白鶴峰買地建房。

這幾年他為住宅傷透了腦筋：剛來時寓居合江樓，不久後遷入嘉祐寺；第二年重回合江樓，只一年餘，又搬回嘉祐寺。合江樓與嘉祐寺一處在西枝江東，一處在西枝江西，蘇軾想到日日江東復江西便心生疲憊。考慮到自己年事已高，且遇赦北歸無望，便用積蓄在白鶴峰附近買地建房，以便安頓晚年，少些奔波。

房屋建好以後，朋友們紛紛來祝賀，誇白鶴峰清幽宜人，卻擔憂飲水困難。若真在此處居住，需要有人日日上山抬回泉水飲用。

「不要擔心，」蘇軾胸有成竹地說，「我已經雇人鑿井，必得甘泉。」

朋友們不理解他為何如此篤定，蘇軾手指不遠處的酒肆，笑道：「我天天來林婆這裏飲酒，林婆家後院便有一口水井，釀出的酒醇厚甘甜。我在附近鑿井，怎麼會得不到甘泉？」談笑間，一行人來到林婆酒肆。

林婆也叫林行婆，她一見蘇軾，便說：「學士定是來嚐老婆子新釀的桂酒。」這幾年嶺南遇豐年米價賤，林婆釀酒所費的錢較少，所以可以賒帳。蘇軾每日來這裏建房子，總來她家喝上兩盞酒。

蘇軾見酒水澄澈金黃，不由歡喜地說：「我來惠州後，最喜歡飲惠州民間的自釀酒。若只能買官酒，哪裏吃得起？」

白鶴峰在惠州城西郊，新居落成後朋友們前來相賀，各自帶著自家釀的酒。客堂取名為德有鄰堂，出自孔夫子《論語》中的「德不孤，必有鄰」；書屋叫「思無邪齋」，出處也是《論語》：「詩三百，一言以蔽之，思無邪。」

「為築白鶴堂，老夫已家財散盡。各位朋友知道我俸祿微薄，便各自帶佳釀前來。

既然如此，今天便不醉不歸！」三盞淡酒飲過，蘇軾滿面紅光，「好在我的長子蘇邁要來廣東任職，明年二月便能來惠州。我這一生漂泊不定，晚年能與兒孫團聚，也算一大幸事啊。」蘇邁本在朝廷任官，母親王閏之去世之後在家丁憂三載，待服喪期滿，便向吏部請求來廣東任官，想能時常探望父親。

翟逢亨素有德行，被惠州百姓稱為「翟夫子」，與蘇軾比鄰而居。聽到蘇軾這番話，翟逢亨舉杯說：「翟某能與蘇學士為鄰，三生有幸，當自飲一大杯。」

蘇軾說：「老夫來惠州，先與鄧道士這樣的高士為友，又遇到翟夫子與林行婆這樣的鄰居，也算是晚年有福。」

鄧守安連連揖手：「蒙承學士抬愛，在下只是羅浮山中的一個道士，豈是高人？若不是學士仗義疏財，西枝江上哪來的浮橋？不然惠州百姓至今還要坐船渡江！」

「如果沒有你的鼎力相助，惠州浮橋又如何建得起來？鄧道士當是一大功。」蘇軾稱讚道，又略帶落寞地說：「可惜正輔兄回了汴京，橋成之日沒能親眼看見，真是可惜。」

惠州依山傍水，府城與縣城被西枝江隔斷，可謂是「一水隔天涯」。江上曾築有木橋，年久失修後，廢棄不用，來往行人只得坐船渡江。這些年來，行人因擁擠或不慎而落水的消息不絕於耳。蘇軾請求程之才造橋，得到程之才的幫助籌措資金，然而橋造到一半，資金便已消耗殆盡。面對一籌莫展的鄧道士等人，蘇軾不僅捐出先前皇帝御賜的犀帶，還寫信向親友求援，蘇轍因此捐出朝廷所賜的黃金。落魄中的蘇學士有如此善舉，惠州人得知後無不感佩，紛紛解囊，短時間便湊齊了造橋款項，建成浮橋，結束了惠州人過西枝江需要坐船的歷史。

五

蘇軾卜居白鶴峰，友人不時來訪，每每乘興而來，酩酊而歸。

有一天，蘇軾朦朧中聽見有人叩門，家人睡得正沉，蘇軾便起來開門，卻是鄧守安道士。

「學士，新橋已落成，我又遇到一位善釀酒的道友，很是興奮，所以深夜來打擾。」

月色如霜，鄧道士像是披上了一身雪衣。他身後站著一位高大矍鑠的道士，披著滿身桄榔葉，豐神如玉，手裏拿著一斗酒，對蘇軾說：「學士可願意嚐嚐我自釀的真一酒？」

蘇軾見道人高大偉岸，恍若真人呂洞賓，立刻心生歡喜：「快請快請，老夫今夜有幸！」

所謂真一酒，不過是米、麥、水合一，蘇軾覺得像是當年自己在黃州所釀的蜜酒。與黃州不同，惠州不禁止民眾私下釀酒，所以百姓釀酒成風；並且惠州地處南國，花果繁茂，所以酒的種類也多。糯米釀成羅浮春，桂圓釀成桂酒，荔枝釀成的酒呈淺紫色，被蘇軾戲稱為「紫羅衣酒」。

趁月飲酒，好不自在。蘇軾自釀的萬家春還飄著酒粕，摻來與真一酒同飲，幾個人都酩酊大醉。

「老夫酒量並不大，但一日不飲酒，總覺得渾身不自在，真不可一日無酒。」

惠州的絕妙處，那些待在北方的人哪裡知曉？酒釀成玉色，香味超然，攜酒遊白水山林，何等愜意。更有那滿樹枝頭點綴著荔枝，像是芡實，鱸魚、枇杷、槐葉，都滋味鮮美。

六

惠州的春天確實美。蘇軾坐在合江樓上遠眺，長羽鳥兒低飛，伴著春江水聲吟唱，格外纏綣動人。四季流轉中，唯獨此季最令人留戀，草木生機勃勃，便縱是枯木之心，也會重新抽出嫩綠枝芽，難怪古人總是吟唱春天。

蘇軾忽憶起某年的春天，似乎是他在杭州，又或許是在汴京——他已經記不真切了，就像他也不記得自己從什麼時候開始健忘。他只記得那時也如今朝一般花開爛漫，有海棠、芍藥和灼人眼的杜鵑，暖風中飄著絮絮柳綿。他在路邊漫步，忽然聽見高牆內有女兒家笑語嫣然，似是幾個女子在秋千架旁嬉鬧。

裏面的佳人定然與春光一樣鮮妍明媚啊！蘇軾這樣想著，一時竟駐足不前，在牆邊微笑著聆聽裏面的笑語。

不久，牆內秋千架旁的佳人們散了去，只有他一人佇立在牆外。

他在春天裏悵然若失，訕笑著緩緩走開，迎著滿城風絮，擬一闋〈蝶戀花〉：

花褪殘紅青杏小。燕子飛時，綠水人家繞。枝上柳綿吹又少。天涯何處無芳草。

牆裏秋千牆外道。牆外行人，牆裏佳人笑。笑漸不聞聲漸悄。多情卻被無情惱。

想起當年的詩句，蘇軾不禁啞然失笑，人生慣是如此啊。他一時興起，便讓一旁的朝雲唱這闋〈蝶戀花〉。

朝雲歌喉婉轉似畫眉鳥。無數個春日，她總是這般與蘇軾觀春景，至雅興處，她就唱一闋蘇軾填的詞。到惠州以後，朝雲卻還沒開嗓唱過。

朝雲站起來，緩緩唱道：「花褪殘紅青杏小。燕子飛時，綠水人家繞……」詞未盡，竟已泣涕如雨，無法再唱下去。

蘇軾吃驚地擁住朝雲，連聲問怎麼回事。

朝雲啜泣：「朝雲之所以不能唱完這闋詞，是因為『天涯何處無芳草』一句而感傷。」

蘇軾知道是何事惹她啜泣。他被貶黃州做團練副使時，朝雲曾生有一子，取名蘇遁。那時蘇軾已經四十九歲，老來得子，對幼子的愛溢於言表，小兒三天受洗的時候，蘇軾還作了〈洗兒〉一詩，訴說對這個兒子的愛與期待：

人皆養子望聰明，我被聰明誤一生。

惟願我兒愚且魯，無災無難到公卿。

老來得子，是蘇軾貶謫生涯中為數不多的一抹亮色。但這個備受寵愛的兒子並沒有像蘇軾期待地那樣長大。蘇遁未滿一歲，蘇軾便接到聖旨，量移汝州團練副使，居家遷徙中，蘇遁在路上中暑，夭折在朝雲的懷中。而一路顛沛流離，朝雲病痛不斷，身體一日不如一日。

七

嶺南的夏天是最難熬的季節。高溫酷暑，瘴氣熏人，瘟疫在惠州城中流行。朝雲已經因病臥床好久了。她多年信佛，來惠州後拜入當地名僧門下，成為俗家弟子。但參禪念佛，並未使她痊癒。

蘇軾憂心如焚，四處尋醫問藥，祈求朝雲能夠盡快好起來。無數郎中看過、無數湯劑服下，朝雲並沒有好轉。

病榻中的朝雲，容顏不復素日的嬌美，眼神黯然。「我的病怕是好不了了，」朝雲的聲音已經虛弱到聽不見，「此生能陪學士左右，朝雲已無憾。……我死後，有件事你要答應我，一定要將我葬在棲禪寺的松林中……」

蘇軾大慟，鬚髮滿是淚水。

「一切有為法，如夢幻泡影，如露亦如電，應作如是觀……」朝雲的聲音愈來愈小，最後什麼也聽不見了……

紹聖三年（一〇九六年）夏天，蘇軾依照朝雲遺願，將其葬於棲禪寺的松林中。棲禪寺在惠州西湖南畔，松林蔥鬱靜謐。蘇軾親筆為朝雲題寫了墓誌銘：

浮屠是瞻，伽藍是依。如汝宿心，惟佛之歸。

朝雲下葬後的第三天，惠州城下了一場暴雨，狂風呼嘯，幾乎要將盛夏的樹木連根拔起。

蘇軾擔心朝雲墓被這場狂風暴雨摧毀，徹夜未眠，待雨停後，便立刻叫上蘇過，前去探看。

雨後的竹林青翠欲滴，看不出昨夜的風雨痕跡。兩人走到朝雲墓前，見一切無恙，唯獨墓的東南側有五個碩大的腳印。

「父親您看！這是誰留下的足跡？」蘇過很是詫異。

蘇軾也怔住了。他圍著五個腳印看了又看，忽然醒醐灌頂，脫口道：「她篤信佛教，臨終還口誦《金剛經》，必然是佛祖顯靈了。惠州城樹木盡被風雨摧折，而朝雲墓竟然完好如初，必然是佛祖憐她命薄如紙，來庇佑她。」

蘇軾設道場進行祭奠，寫下〈惠州薦朝雲疏〉。朝雲墓由棲禪寺僧人築亭覆蓋，因朝雲臨終時口誦《金剛經》中的「六如偈」，此亭取名六如亭。亭邊有蘇軾擬的楹聯：

不合時宜，惟有朝雲能識我；

獨彈古調，每逢暮雨倍思卿。

自朝雲走後，蘇軾經常想起她生前愛念的《金剛經》偈子，回憶往昔，竟不知是夢是幻，今夕何夕。

我本海南民

一

紹聖四年（一〇九七年）夏。

月似彎鉤，星若珠串，映照得海上像是撒了一地碎銀。忽然一陣風浪，站在船頭的蘇軾一下沒有站穩，差點兒摔倒。

站在旁邊的三子蘇過趕忙伸手攙扶，叮囑父親進艙休息。

「原以為再次渡海便是北歸之時，不料謫居惠州三年後，又被貶去更遠的儋州。」蘇軾聲音疲憊而消沉。他本以為此生會終老於惠州，便傾盡家資在白鶴峰買地建房。而朝廷又下旨，令蘇軾去儋州任瓊州別駕，昌化軍安置，不得簽書公事。「我晚年顛沛流離，苦了你們幾個孩子。你長兄今年二月才攜家眷來惠州，三月便被罷免了仁化縣令一職。本想著他雖然失官，但一家人總是能團聚在一起，豈料兩個月後我再接聖旨，被貶儋州。我已老朽年邁，倒是你們，大好年華本該做一番事業，卻接二連三被為父連累。」

說到此處，蘇軾沉痛不已：「我平生沒做什麼罪惡之事，卻已是元祐罪人。人人都說我蘇軾聰明無雙，我這一生偏偏就是被聰明所累。此生唯願你們被別人說成是毫無能力的平庸之輩，平庸才能避禍，才不至於落入與我一樣的田地……」

「父親身體不好，兒子自當時時跟隨。孝為人之本，哪裡有什麼苦？只是那儋州遠在天涯海角，歷來是瘴癘交攻的地方。兒子不覺得苦，只擔心父親的身體。」蘇過低沉地說。

「朝堂中人將我置於儋州，便是不打算讓我活著回汴京城了。」蘇軾說。

蘇過想起長兄蘇邁及家人在惠州江邊送行時，父親告訴長兄，讓他為自己準備一口棺材，以備自己垂老之用。家人在岸邊痛哭失聲，淚滿衣襟。花甲之年出海，有幾人能平安回來？

蘇過沉默了一會兒，說：「記得很久之前就聽您說過，您和當今宰相章子厚是好友。烏臺詩案時，他也曾奮力營救。」

「是啊！我與他曾交好。昔年我在鳳翔任通判，章子厚任商州令，我們常有往來。往事一過四十載，卻仍歷歷在目。」蘇軾喃喃道，記起曾與章惇同遊南山時的事。

兩岸峭壁聳立，前方只有一根橫木搭成的獨木橋，蘇軾怕摔下萬丈深淵，不願前進。

而章惇找來繩子，一頭拴在自己身上，一頭拴在樹上，側身便過了橋，過橋後執筆在石壁上寫下「章惇蘇軾來遊」幾個字。蘇軾驚恐萬狀，卻見他神色不改，不由脫口而出：「你如此膽大，必能殺人！」章惇大笑。

蘇軾感慨：「子厚絕非奸邪之人，我在內心中仍拿他當舊日老友，而他，怕是已經不認我這個朋友了。」

「坊間流傳，他在汴京讀到父親在惠州作的〈縱筆〉一詩，不滿『報道先生春睡美，道人輕打五更鐘』一句，笑著說『蘇子瞻竟然如此快活』，於是便將父親貶至更遠的儋州。不光如此，叔父也被貶到雷州。據說是因為父親字子瞻，與儋字相似；叔父字子由，由與雷都有個田字。可謂是……」

蘇軾不待蘇過說完，就匆匆打斷他的話：「坊間傳言不可信，不要再說了。」天已漸亮，已能在海平面上看見一抹霞光。蘇軾拍拍蘇過：「走吧，我們都回艙休息，還有很遠的路要趕。」

蘇軾在船中閉目龜息，這是他的養生之道。雖是閉目不語，心中卻滿是心事。

儋州是什麼樣子，未到之前，蘇軾也不知道。他聽人說，儋州極其炎熱，比惠州有過之而無不及，而海風吹來卻徹骨陰寒，山林中滿是參天樹木，裹著無盡的雨霧，若將瘴氣吸入胸腹中，很難活命。

他還知曉唐代宰相李德裕曾被貶海南，隨後死於此地。當朝黨爭相比唐朝，毫不遜色。自新黨人物執政，元祐舊黨人物被盡數革職、貶謫，就連去世的宰相司馬光等人，居然也遭到官職被追奪、墓碑被鏟的報復。

我怕是也要和前朝宰相一樣，死於此地了。蘇軾這樣想著。

二

儋州的雨下個不停，一連幾個月都是這般煙雨朦朧的景象。蛇鼠在地上隨處穿梭，瘴氣在林中蔓延。

蘇軾見屋中漏雨，叫蘇過補瓦。蘇軾父子在儋州沒有房子，只得借居在昌化軍一間官舍中。官舍小而破，風雨襲來時，屋子便漏雨。

儋州的情況遠比想像中更壞。蘇軾說儋州的生活是「六無」——食無肉、病無藥、居無室、出無友、冬無炭、夏無寒泉。蘇軾與蘇過二人，剛到儋州時相對如苦行僧。

「此處可是蘇學士家？」有人叩門，說著一口官話。來客長得高大方正，遞過一封信，言語甚是尊敬：「在下是新任昌化軍使張中，聽聞蘇學士在儋州，特來拜謁。」

蘇軾打開信一看，是老朋友張逢寄來的。張中是北方人，曾中過進士，一直對蘇軾仰慕有加，又見蘇軾所借居的昌化軍官舍早已破敗不堪，很是憐憫，趕緊派人來修葺。

蘇軾在儋州的第一年，便是在這間小小官舍中度過的。蘇軾父子先前的積蓄在惠州時都已用於置業，為維持生計，來儋州後不得已將自家帶來的酒器一一變賣，唯獨一隻製作精巧的荷葉杯捨不得賣，蘇軾留以自娛。軍使張中常與蘇軾父子往來，或邀他們同儋州士子一起出遊，訪問黎族人家；或宴請蘇軾父子……成為他們貧乏生活中的一抹亮色。

惠州已是嶺南，風物不比別處，而儋州更是另有一番風味，滿山遍野的鮮花怒放，木棉花剛落，刺桐花便開了。

海邊風大，蘇軾拄杖行走，遇到一個從黎山入城賣柴的樵夫。他對著蘇軾說了幾句話，蘇軾雖不通黎語，卻上前與他比畫著。

樵夫指著蘇軾的帽子，笑出聲來。

蘇軾知道樵夫與儋州大多數百姓一樣，平生不讀詩書，見到讀書人的穿著，難免覺得可笑。蘇軾笑著說：「你覺得老夫滑稽？」

樵夫轉而說漢語，說得不太流利，一字一頓：「你是中原來的貴人，遭了難才來我們這裏。」歎息了幾聲，從背簍裏取出一塊吉貝布塞到蘇軾手裏，又用手指指蘇軾身上的單衣。

蘇軾幾乎要落下淚來，樵夫也是生活拮据之人，卻擔心一個中原來的老人受海風之寒，以布相贈。元祐年間蘇軾在汴京時，往來朋友所贈的那些奇珍，價值比吉貝布何止高千倍百倍？而在這一刻，蘇軾覺得手中的吉貝布舒適柔軟，溫暖了漸已灰冷之心。

當地的黎族人都是這般淳樸善良，見蘇軾物資貧乏，便送來許多芋頭，同時也送來些熏黑肉脯。

蘇軾問他們這是何物，回答說是熏鼠與蝙蝠，東坡驚訝不已。當地人都說滋味十分鮮美，邀請他嚐一嚐。東坡一生喜好美食佳釀，此刻面對這些熏肉，卻萬般躊躇，終究不敢嘗試。

蘇軾喜歡他們的毫無機心，拿他們當朋友交往，但他們的貧困與蒙昧卻令蘇軾憂心：穿的衣服是績木皮製成的，此類衣服毫不耐寒，冬天海風吹來，陰冷無比；若不幸生病，沒有藥品，只殺犬殺羊來祭祀，求神靈保佑自己健康。蘇軾年老多病，常央求居住大陸的親友寄藥品過來，但見當地人缺醫少藥，又將得來不易的藥品送給那些得病的人。

三

蘇軾想在儋州辦學。

儋州城自然也有些士人。住在城東南的黎子雲兄弟，家貧而好學，常向蘇軾請益。蘇軾與他們時常往來，時不時便拄著拐杖去黎家做客。農家只有些淡飯粗茶，水果卻是極好的，荔枝鮮美、黃柑芬芳，再喝幾口黎家自釀的椰子酒，不幾時便半醉半醒，回家時已星月在天，黎家的幾個小童口吹蔥葉，將坡翁送到村口。酒後的東坡鶴髮朱顏，與黎家小童一路笑鬧，已忘卻自己在天涯萬里之遙。

黎子雲的舊宅在竹林深處，邊上還有一個大水池，水木幽茂，頗為古雅清幽。軍使張中第一次帶蘇軾前來時，便提出不如大家湊錢建屋，讓蘇軾在此講學。蘇軾欣然同意，還為此屋取名為「載酒堂」。

然而在儋州，蘇軾雖有官職，卻不能謀事，也無法開辦官學。蘇軾與士人往來頻繁，凡是有士人求學問道，蘇軾一一悉心作答。

聽聞蘇軾在儋州，不僅儋州士人為之一喜，也有許多別處的人來儋州求教。瓊州士人姜唐佐便是其中之一，他日日跟隨蘇軾讀書，學寫文章。更有江陰人葛延之跋涉萬里，渡海而來，向蘇軾求教文章、書法之道。

四

元符元年（一〇九八年）四月，廣西察訪使董必前來海南，調查中得知貶官蘇軾寄住官舍，且軍使張中用公款替蘇軾修葺房屋，當即革了張中的職，將蘇軾父子逐出官舍。

慚愧與焦慮交織在一起，侵襲著蘇軾。蘇軾不知該如何面對張中。

張中卻不以為意，光明坦蕩：「能與學士相識一場，張某三生有幸。雖因此失官，卻從不後悔。」

蘇軾深感無以為報，只能寫詩相贈。

張中走後，自己不僅少了一位知心朋友，且又落入無處可居的田地。載酒堂尚未建成，此時蘇軾父子已囊中一空，困厄至極，只得在桄榔林中築幾間土屋。如此簡陋的房屋，蘇軾也無力支付勞費。幸好十餘名學生協助蘇軾父子，躬身泥水之中；張中也叫上些黎族百姓，為蘇軾搭建新屋助一臂之力。

新建成的土屋被一片桄榔林圍繞，蘇軾取名為「桄榔庵」。

罷任的張中就要離開海南，桄榔庵中，蘇軾請張中喝一杯水酒，寫詩相贈：「恐無再見日，笑談來生因。」

「老夫年少參禪時，並不相信三世之說，現在卻盼望人有來生，還可以見到這一世的有情之人。」蘇軾握著張中的手，淚光閃爍。

張中也動情地說：「張某年少時便久仰學士大名，在儋州跟隨學士這麼久，此生足矣。」一仰頭飲下水酒。

席間有學生唱起蘇軾的〈臨江仙〉：

一別都門三改火，天涯踏盡紅塵。依然一笑作春溫。無波真古井，有節是秋筠。
惆悵孤帆連夜發，送行淡月微雲。尊前不用翠眉顰。人生如逆旅，我亦是行人。

「人生如逆旅，你我都是行人。」蘇軾長歎。

學生姜唐佐也舉酒辭別，說自己要離開儋州，回瓊州準備參加科舉考試。

蘇軾精神為之一振，說道：「老夫初見你，便覺得你有中州士子的氣度。此次定能高中！」雖已微醺，蘇軾仍舊提筆連書柳宗元〈讀書〉、〈飲酒〉兩詩相贈，並自擬一詩贈姜唐佐。

眾人圍過來讀蘇軾自擬詩，看見只有「滄海何曾斷地脈，白袍端合破天荒」兩句，大惑不解。姜唐佐也疑惑地問：「老師為何只題兩句？」

蘇軾笑道：「待你登科高中之後，我再來補齊剩下的詩句。」

五

近來蘇軾總夢見少年時候的事情。

昨天他夢見了幼年的授業恩師、眉山道士張易簡，還是像五十多年前那樣，在天慶觀北極院，張道長教他背《道德經》：「玄之又玄，眾妙之門……」又夢見母親程夫人教他和弟弟讀《後漢書》中的〈范滂傳〉，程夫人說：「母親希望你如范滂一樣，做一個剛正之人。」

蘇軾醒來惆悵很久，故鄉啊故鄉，這輩子怕是回不去了。舊友親朋多已謝世，除子嗣外，親人只剩弟弟蘇轍了。

還記得在雷州分別時的場景。蘇轍目送兄長登船，看見眼前的茫茫大海一望無際，好似莫測的命運，不禁老淚縱橫。

蘇軾已登船，忽又笑著對蘇轍道：「這難道就是孔子說的『道不行，乘桴浮於海』嗎？」

那一刻，他是在苦中作樂。他知道，便是弟弟蘇轍，此生也怕是無法再見了。桄榔林中漫步的蘇軾回想與弟弟相處的時光，聽耳邊棕櫚葉沙沙作響，不由有些落寞。

我在儋州，雖貧病交加，卻品嘗了鮮美的牡蠣與諸多海貨，味道鮮美至極，吃了之後，簡直怕北方人知道，紛紛都要學我蘇軾，被貶到儋州呢！在給蘇轍的信中，蘇軾這樣說。

不久後便收到蘇轍的回信，蘇軾看信時先是不可思議地睜大了眼睛，良久後落下淚來，淚水打濕了信紙，暈染了信中的「巢谷」二字。

蘇軾與巢谷黃州一別之後，已有十餘年不曾相見。元祐時期蘇氏兄弟春風得意、高朋滿座之時，曾經找過巢谷，他卻似世外高人，隱藏於人海。如今蘇氏兄弟被貶，巢谷卻又出現了。

巢谷聽說蘇軾兄弟被貶嶺南，在眉山公開說要徒步去尋訪這對故人。眉州人見七十三歲的老翁竟然有此妄念，紛紛嗤笑他的癲狂。故鄉人想不到，被貶的蘇氏兄弟也想不到，巢谷竟真的一路從四川走到嶺南。元符二年（一〇九九年）正月，巢谷已到梅州。他寫信給雷州的蘇轍，告知自己已經來到嶺南，幾天後便能相見。

當蘇轍收到這封從梅州寄來的信時，簡直不敢相信自己的眼睛。

十餘日後蘇轍在渡口接到了巢谷。十幾年後重逢，怎不百感交集？兩人握手痛哭，久久不願分開。這次一見面，蘇轍有些擔憂，因為七十三歲高齡的巢谷已經不是蘇氏兄弟記憶中那個孔武有力的巢谷，而是一位瘦削病弱的老人。

在雷州居住的一個多月時間中，蘇轍帶巢谷遊覽了雷州的山水佳處，並數次勸告巢谷，讓他打消去儋州的念頭。

「元修兄，這裏去儋州還有千里之遙，而且要渡海，路程十分艱險，絕不是一位古稀老人所能承受的。」巢谷要離開雷州的前一日，蘇轍與巢谷在山中漫步，依舊苦苦相勸。

巢谷微笑著說：「我知道自己已不是當年那個巢元修。我從眉州來嶺南，就是要見見你兄弟二人，見到子瞻，才算心願已了，死而無憾。」

蘇轍勸阻不成，看他所帶盤纏已所剩無多，只能湊了些錢給巢谷，充作路費。天意弄人。巢谷一路乘船趕往儋州，船到新會時，隨身錢財被一個賊人偷走。賊人一路奔逃，在新州被抓獲。巢谷聞訊後，隨即趕往新州，因年老體弱又急火攻心，終究病死在異鄉新州。

消息傳來，蘇轍痛哭失聲，他恨自己沒能留住巢谷。

合上信許久，蘇軾依舊淚落如雨。

如今元祐黨人被當朝掌權派視為讎寇，自己與弟弟一貶再貶，許多朋友已久不聯絡，巢谷卻願意萬里跋涉前來嶺南看望。淚眼朦朧中，蘇軾想起自己在密州、杭州時，用巢谷的聖散子藥方救活了無數被瘟疫折磨的百姓。黃州分別時，自己曾對著滔滔江水發誓永不外洩此藥方，巢谷一定不知道自己食言了。

他喃喃自語：「元修兄，我還沒來得及告訴你，你的藥方救活了一城又一城的百姓。我暮年來儋州，怕是要老死於此了，可惜你沒能來到儋州，否則我一定要帶你看看儋州的山水和黎人百姓。京城的士大夫都覺得我在這裏苦不堪言，而我，只當儋州是我的故鄉。」

是啊！汴京城中的士大夫們無論如何也想不到，昔日的蘇學士已經成為儋州野老，閒來無事時與二三友鄰飲茶談天，笑言來年的好收成，常飲醇美甘甜的椰漿與椰子酒，還用椰子殼製成帽子。每逢雨季來臨，蘇軾戴著竹笠穿著木屐，活脫脫就是一個海南老漢的模樣。

我本海南民，寄生西蜀州。
忽然跨海去，譬如事遠遊。

平生生死夢，三者無優劣。
知君不再見，欲去且少留。

這三年來，京城中的人都以為蘇軾在這個荒蠻瘴沼之地會痛不欲生。他們不知道，這是蘇軾一生中永難忘懷的時光。

北歸

一

北歸，北歸……蘇軾在夢中想了許多次，也曾無數次在與親友的信中言說自己的「癡心妄想」。而今真在北歸途中，卻恍若隔世」。

元符三年（一一〇〇年）正月十二日，哲宗駕崩，皇位由弟弟趙佶接替，是為徽宗。徽宗繼位之初，執政的是神宗妻子向太后。向太后與宰相章惇關係不和睦，大赦天下時，元祐舊黨人亦在大赦名單中。

二月，蘇軾以瓊州別駕徙廉州安置，不得簽書公事；四月，遷舒州團練副使，永州居住。而蘇轍也遇赦，自請潁昌居住。

蘇學士遇赦北歸的消息傳得飛快，沿岸的人們聞說大名鼎鼎的蘇學士要乘船路過，競相觀看，將碼頭圍得水洩不通。

蘇軾向來愛熱鬧，閒坐船艙中聽見岸邊人聲鼎沸，便拄杖起身站到甲板上去看看發生了什麼事。人們看見蘇軾，大喊起來：「是蘇學士！」

微風掠過蘇軾的鬚髮，盡是斑白。蘇軾想起三國時看殺衛玠的典故，不由啞然失笑：「老夫已經行將就木，哪裡有衛玠的貌美青春，怎麼還有這麼多人圍觀？」

船一路向北，不久就到了大庾嶺。過了大庾嶺，便出了嶺南地界。古往今來，有多少被貶嶺南的人，都曾經過此處，宋之問來過，韓愈來過，李德裕來過……蘇軾吟誦起七年前路過此處時寫的詩：

一念失垢汙，身心洞清淨。
浩然天地間，惟我獨也正。

今日嶺上行，身世永相忘。
仙人拊我頂，結髮授長生。

身世永相忘，忘卻宦海浮沉，忘卻營營機心。被貶嶺南之初，蘇軾本已存必死之心，然而得聖恩眷顧，終於遇赦北歸。此時重過大庾嶺，怎能不感慨萬千？

蘇軾等人在大庾嶺找村店小憩。當地的一位老翁看見他們，上前探問：「不知來者是何人？」

有人回覆說是蘇尚書，老者說：「是蘇子瞻嗎？」便前來拜見蘇軾，「老朽以前聽聞有許多人千方百計地來嶺南害您，沒想到今日您能遇赦北歸，真是上天保佑您這個好人！」

蘇軾聽後大笑，又題了一首詩在牆壁上：

鶴骨霜髯心已灰，青松合抱手親栽。
問翁大庾嶺頭住，曾見南遷幾個回？

二

北歸的路途好漫長。蘇軾常在詩中說自己老邁不堪，而行旅過程中，他才真真正正體會到了自己的老邁。

「父親，已經到金山了！」蘇過指著江邊一座翠峰說。

蘇軾精神為之一振，金山上有座龍游寺，裏面掛著自己多年前的一幅畫像。當年在汴京時，朋友賓客往來酬唱甚歡，畫家李公麟為自己繪有一幅寫真，畫的是自己酒後的意態，黃庭堅看見畫中枯石上坐著的蘇軾，盛讚不絕，以為神態酷似老師。

站在畫像前，蘇軾恍如隔世。元祐盛景不再，故人多已凋零，老來唯覺萬念俱灰。在金山的畫像下，蘇軾自題了一首詩：

心似已灰之木，身如不繫之舟。
問汝平生功業，黃州惠州儋州。

平生三次被貶，累計近十一年。這首詩既是自嘲，也是自述。對官員蘇軾來說，貶謫的經歷無疑是宦海生涯中的沉重打擊；而對文學家蘇軾來說，貶謫的經歷卻成就了他的文章，千古不朽。

三

建中靖國元年（一一〇一年）六月，六十五歲的蘇軾患上了痢疾。途徑真州時，病重的蘇軾在船艙中，幾乎無法下床上岸。大約是預感到自己時日無多，蘇軾給弟弟寫了一封信，請弟弟將自己葬於嵩山之下，並為自己撰寫墓誌銘。

七月十八日，蘇軾到達常州已半月餘，身體每況愈下。

蘇軾病中醒來，看見不僅三個兒子都在身邊，還有六個孫兒陪伴。

子孫們見蘇軾已病入膏肓，都痛哭失聲。

蘇軾卻笑著說：「我這一生沒做過惡事，死後一定不會墜入阿鼻地獄。我死後，你們也不要哭泣，我並不願意看見……」說完就昏睡過去了。

故人惟琳長老聽說蘇軾在常州，特地從杭州趕來敘舊，恰逢蘇軾病中蘇醒，卻已下不了床。兩人晚上對榻長談，惟琳長老贈佛偈為蘇軾祈福，蘇軾作了人生中最後一首詩：

與君皆丙子，各已三萬日。
一日一千偈，電往那容詰。
大患緣有身，無身則無疾。
平生笑羅什，神咒真浪出。

這世上哪裏有什麼神咒？高僧鳩摩羅什每日念誦千佛偈，這一舉動只是可笑。生死有命，不是念誦佛偈可以改變的。

二十八日，六十五歲的蘇軾已走到生命的盡頭，病榻前圍滿了親人故友。惟琳長老在他耳邊大呼：「端明宜勿忘西方！」

眾人的哭泣聲中，蘇軾的聲音已經虛弱到聽不清：「我不知西方極樂世界有沒有，但為之而傾力，非我所願……」

好友錢濟明聽到蘇軾此言，急忙大聲道：「先生您素日參禪學佛，此時應當傾力！」蘇軾似聽見故人的話，喃喃留下人生中最後一句話：「傾力即差……」

建中靖國元年（一一〇一年）七月二十八日，蘇軾終老於常州藤花舊館。

蘇學士的死訊一傳出，吳越一帶的市民都悲痛於這顆啟明星的墜落。

四

崇寧二年（一一〇三年）正月，蘇轍在汝州遇到一位海南來的書生。書生身穿白衣，向蘇轍拜了一拜，自稱是蘇軾在儋州時的學生，名叫姜唐佐。他說臨別時蘇學士曾贈兩句詩給他，說等他進士登科時再將詩補齊。如今自己果然成了儋州第一個舉人，可惜蘇學士已去世。

姜唐佐道：「讀小蘇先生所作的〈東坡先生墓誌銘〉，讀到『公心如玉，焚而不灰』一句，不禁流下眼淚。學士暮年被貶到儋州，衣食都沒有保障，卻講學明道。若無學士悉心指教，便沒有今日的姜唐佐。」

蘇轍見到兄長的海南弟子，舉手投足間確有中州士人之風，再讀到蘇軾的兩句遺詩，不由得心酸流淚，為姜唐佐補齊了這首詩：

生長茅間有異芳，風流稷下古諸姜。

適從瓊管魚龍窟，秀出羊城翰墨場。
滄海何曾斷地脈，白袍端合破天荒。
錦衣他日千人看，始信東坡眼目長。

在蘇軾去世後的三年中，儋州士人中不僅姜唐佐舉鄉貢，還有王霄、陳功、李迪、劉廷忻等舉明經，杜介之舉文學。大觀三年（一一〇九年），儋州人符確成了海南歷史上第一個進士。若沒有當年蘇軾的講學明道，教化日興，開啟人文之盛，大約便不會出現儋州後世的文教盛景。

蘇軾此生，既有高居朝堂、志得意滿的風光，也有九死一生、孤懸海外的沉浮。若明月在天，其光曜曜，若江海奔流，波瀾壯闊。斯人已逝，卻永遠在歷史中閃耀，一個人卻發出整個星河的光。

蘇軾生平簡表

一〇三三年（宋仁宗明道二年）
宋仁宗親政。

一〇三七年（景祐四年）
宋朝發佈科舉應試用的《禮部韻略》。
圖赫里勒·貝格在內沙布爾建立塞爾柱土耳其帝國。
基輔大公智者雅羅斯拉夫開始興建聖索菲亞主教座堂。

一〇三八年（景祐五年）
党項族首領李元昊脫宋自立，國號大夏，自稱西夏皇帝。

一〇三七年（宋仁宗景三年）
出生於四川眉山紗縠行。

一〇三九年（寶元二年）

由丁度等人奉命編寫的官方韻書《集韻》發佈。

宋夏戰爭爆發。

亨利三世成為德意志皇帝。

一〇四〇年（康定元年）

正月宋夏三川口戰役。

以狄青為涇州都監。狄青每次臨敵，披髮帶面具，所向披靡，無人敢當。

曾公亮著成《武經總要》，這是中國第一部官修兵書。

一〇四二年（慶曆二年）

宋增歲幣與契丹議和。

西夏於定川砦（今寧夏固原西北）大敗宋軍。

丹麥統治英格蘭時代的末代君主哈德克努特卒。英格蘭擺脫丹麥人的統治。

一〇四三年（慶曆三年）

慶曆新政，范仲淹九月上《答手詔條陳十事》，進行慶曆新政。

一〇四五年（慶曆五年）

宋仁宗下詔廢棄慶曆新政，發起人范仲淹和富弼被撤去軍政要職。

一〇四六年（慶曆六年）

亨利三世加冕為神聖羅馬帝國皇帝。

一〇五二年（皇祐四年）

范仲淹卒。。工詩詞、散文，〈岳陽樓記〉中「先天下之憂而憂，後天下之樂而樂」的名句，傳誦千古。

一〇四三年（慶曆三年）

入天慶觀，隨道士張易簡讀書。

一〇五四年（至和元年）

詔封孔子後為衍聖公。

中國觀測到金牛座的超新星（天關客星，SN 1054）爆發，其遺骸成為現在的蟹狀星雲（M1）。《宋史．天文志》中載：至和元年五月己丑，出天關東南可數寸，歲餘稍沒。

東西教會大分裂：基督教正式分裂成希臘正教與羅馬公教。

一〇五五年（至和二年）

遼興宗耶律宗真長子耶律洪基繼任遼國第八位皇帝，是為遼道宗。

塞爾柱土耳其攻陷巴格達，滅亡白益王朝，解除了哈里發的政治權力，僅保有宗教首領的地位，塞爾柱土耳其掌控阿拔斯王朝。

一〇五四年（至和元年）

娶青神縣王弗為妻。

一〇五六年（嘉祐元年）

包拯權知開封府。

拜占庭帝國最後一位女皇狄奧多拉女皇卒。

一〇五七年（嘉祐二年）

緬甸蒲甘王國阿奴律陀興兵南征，攻真臘、羅斛、滅直通王國。

一〇五八年（嘉祐三年）

王安石呈〈上仁宗皇帝言事書〉，請求變法。

一〇五九年（嘉祐四年）

蔡襄著《荔枝譜》，這是中國第一部專門寫荔枝的書。

泉州洛陽橋建成，是中國現存最老的海港橋。

一〇六一年（嘉祐六年）

亞歷山大二世成為第一任經由樞機主教選舉產生的教宗。

一〇五六年（嘉祐元年）

應開封府試，榜出，名列第二。

一〇五七年（嘉祐二年）

應禮部試，名列第二。

三月，應殿試，進士及第。

四月七日，母親程夫人病逝，回川丁憂。

一〇六一年（嘉祐六年）

八月參加制科考試，入三等；除大理評事，簽書鳳翔府判官。

作〈和子由澠池懷舊〉。

一〇六二年（嘉祐七年）

包拯卒。包拯字希仁，廬州合肥（今屬安徽）人。為官剛正，斷訟明敏，執法嚴峻。

塞爾柱人滅布維西王朝。

穆拉比特王朝入侵迦納帝國。

一〇六五年（宋英宗治平二年）

科舉制度從這一年起定期開考，三年一科，之後為明、清二朝所沿襲。

英國倫敦西敏寺建成。

一〇六六年（治平三年）

契丹改國號大遼。

法國諾曼第公爵威廉一世征服英格蘭，建立了英國歷史上的諾曼第王朝。

一〇六七年（治平四年）

宋神宗繼位。

夏惠宗繼位。

一〇六五年（宋英宗治平二年）

二月還朝，除判登聞鼓院，任職史館。

五月妻子王弗去世。

一〇六六年（治平三年）

四月二十五日，父蘇洵去世，蘇軾兄弟回川丁憂。

一○六九年（宋神宗熙寧二年）

王安石設立制置三司條例司。實行均輸法、青苗法、農田水利法。

一○七○年（熙寧三年）

王安石改革貢舉法，廢制置三司條例司，立保甲法，行免役法。

一○七一年（熙寧四年）

北宋西夏熙河之戰，王韶在洮河流域，收復熙、河、洮、岷、疊與宕州等地，建立熙河路並威脅西夏右廂地區。

王安石實行募役法。

塞爾柱帝國從法蒂瑪王朝奪得耶路撒冷。

一○七三年（熙寧六年）

周敦頤卒。著有《太極圖說》和《通書》。

一○六八年（宋神宗熙寧元年）

七月服滿，十月，續娶青神縣王閏之。

一○七一年（熙寧四年）

六月，蘇軾自請外任；十一月二十八日，到杭州通判任。

一〇七四年（熙寧七年）

鄭俠上流民圖。

王安石第一次罷相，轉知江寧府。

一〇七五年（熙寧八年）

越南李常傑和宗亶分兵兩路，水陸並進進攻宋朝，爆發宋越熙寧戰爭。

一〇七六年（熙寧九年）

王安石第二次罷相。為鎮南軍節度使、同中書門下平章事、判江寧府事。

教宗格列高利七世被亨利四世廢黜。

一〇七七年（熙寧十年）

李乾德向宋朝奉表求和，而宋軍疫病流行，死者大半，遂同意撤兵，宋越熙寧戰爭結束。

遼國北院樞密使耶律乙辛誣陷太子耶律濬謀反。

阿努什的斤成為花剌子模總督，被視為花剌子模王國創建之年。

一〇七四年（熙寧七年）

九月移知密州，十二月三日到密州任。

一〇七五年（熙寧八年）

作〈江城子．乙卯正月二十日夜記夢〉、〈江城子．密州出獵〉。

一〇七六年（熙寧九年）

九月，移知河中府；十二月離開密州。作〈水調歌頭．明月幾時有〉。

一〇七七年（熙寧十年）

二月十二日改知徐州，四月到徐州任。

一〇八〇年（元豐三年）

楊義貞弒大理皇帝段廉義，自立為帝，因高昇泰受其父高智昇之命滅楊義貞，擁立段壽輝為大理皇帝，改元上明。

一〇八一年（元豐四年）

北宋以李憲指揮五路伐夏，會師靈州。高智昇與高昇泰父子逼迫上明帝段壽輝退位出家，並擁立段正明繼位大理國皇帝。

一〇八二年（元豐五年）

西夏在永樂城之戰中大破宋軍。

威尼斯共和國與拜占庭帝國簽訂金璽詔書，取得免稅優惠及商業基地。

一〇七九年（元豐二年）

三月改知湖州，四月到湖州任。烏臺詩案案發，七月被捕，下臺獄；十二月出獄，責授黃州團練副使，本州安置，不得簽書公事。

一〇八〇年（元豐三年）

二月到黃州任。作〈卜算子·黃州定慧院寓居作〉。

一〇八一年（元豐四年）

作〈水龍吟·次韻章質夫楊花詞〉。

一〇八二年（元豐五年）

作〈赤壁賦〉、〈後赤壁賦〉、〈念奴嬌·赤壁懷古〉、〈定風波·莫聽穿林打葉聲〉、〈浣溪沙·遊蘄水清泉寺〉。

一〇八四年（元豐七年）

司馬光《資治通鑑》成書，神宗以此書「鑑於往事，有資於治道」命名為《資治通鑑》。

宋神宗卒。子煦繼位，是為宋哲宗。太皇太后高氏臨朝，用司馬光主政，罷保甲、方田、保馬等法，次年罷免役法，史稱「元祐更化」。

一〇八五年（元豐八年）

宋哲宗繼位，宣仁皇后攝政，司馬光致力於盡罷新法，所謂「元祐更化」，恢復「祖宗舊制」，前後歷時九年，此一時期改革派人士幾乎全遭迫害貶職。

一〇八三年（元豐六年）

作〈臨江仙・夜飲東坡醒復醉〉、〈水調歌頭・黃州快哉亭贈張偓佺〉。

一〇八四年（元豐七年）

移汝州團練副使；十月，揚州上表，乞常州居住。作〈題西林壁〉。

一〇八五年（元豐八年）

五月，復朝奉郎，改知登州。

九月十八日，以朝奉郎除禮部郎中。

十月二十日，以禮部郎中召還。

十二月十八日，除起居舍人。

一〇八六年（宋哲宗元祐元年）

罷青苗法。王安石、司馬光先後卒。

一〇八七年（元祐二年）

宋哲宗設泉州市舶司、密州市舶司（今山東青島）。

一〇八八年（元祐三年）

波隆那大學建校，是歐洲歷史最悠久的大學。

一〇九二年（元祐七年）

塞爾柱土耳其蘇丹馬立克沙一世遇刺身亡後，由於繼承人問題使塞爾柱陷入長期內戰，許多蘇丹國分離出去，帝國國力由盛極轉衰，無力因應即將發生的十字軍東征。

一〇八六年（宋哲宗元祐元年）

三月十四日，免試為中書舍人；九月十二日，為翰林學士，知制誥。作〈定風波．南海歸贈王定國侍人寓娘〉。

一〇八九年（元祐四年）

三月，自請外任，知杭州。

一〇九一年（元祐六年）

以翰林學士承旨召還；八月五日，以龍圖閣學士知潁州。

一〇九二年（元祐七年）

潁州任上改知揚州。

八月二十二日，以兵部尚書召還。

十一月，遷端明殿學士、禮部尚書兼翰林侍讀學士。

一〇九四年（紹聖三年）

塞爾柱土耳其帝國禁止基督徒赴耶路撒冷朝聖。

一〇九五年（紹聖二年）

大理國權臣高昇泰篡位，改國號為大中。

烏爾班二世開始第一次十字軍東征。

一〇九七年（紹聖四年）

宋朝因為前一年西夏入寇而進行軍事報復，使西夏元氣大傷。

第一次十字軍東征到達君士坦丁堡，數個月後佔領敘利亞首都安條克。

一〇九三年（元祐八年）

六月，知定州。十月二十三日到定州任。

一〇九四年（紹聖元年）

四月十一日，落端明殿學士、翰林侍讀學士，依前左朝奉郎知英州。

四月十三日，復降充左承議郎，知英州。

六月初五，詔責惠州，授建昌軍司馬惠州安置，不得簽書公事；再貶寧遠節度使副使惠州安置。

一〇九七年（紹聖四年）

四月，貶瓊州別駕昌化軍安置，不得簽書公事；六月渡海至海南儋州。

一一〇〇年（元符三年）

宋哲宗於正月病逝，向太后於同月立端王趙佶為帝，並垂簾聽。

英格蘭國王威廉二世在打獵中意外身亡，亨利一世繼承英格蘭國王。

一一〇一年（宋徽宗建中靖國元年）

遼道宗崩，耶律延禧奉遺詔即皇帝位於柩前，是為遼天祚帝。

一一〇五年（崇寧四年）

宋徽宗將元祐年間反對王安石新法的三〇九人列為元祐奸黨，立碑於端禮門，而後又下令在全國刻碑立石，以示後世。

亨利五世迫使他的父親亨利四世退位，自己登基神聖羅馬皇帝。

一一〇〇年（元符三年）

哲宗病逝，蘇軾遇赦，六月渡海北歸。

一一〇一年（宋徽宗建中靖國元年）

作〈自題金山畫像〉。

七月二十八日，卒於常州。

國家圖書館出版品預行編目 (CIP) 資料

蘇軾 / 司聃作 . -- 第一版 . -- 新北市 : 風格司藝術創作坊出版 ; [臺北市] : 知書房出版發行 , 2022.03
面 ; 公分 . -- (嗨 ! 有趣的故事)
ISBN 978-986-5493-29-5(平裝)

1.CST: (宋) 蘇軾 2.CST: 傳記

782.8516 111002557

嗨！有趣的故事

蘇軾

作　　者：司　聃
責任編輯：苗　龍

發　　行：知書房出版
出　　版：風格司藝術創作坊
235 新北市中和區連勝街 28 號 1 樓
電　　話：(02) 8245-8890

總 經 銷：紅螞蟻圖書有限公司
台北市內湖區舊宗路二段 121 巷 19 號
電　　話：(02) 2795-3656
傳　　真：(02) 2795-4100
http://www.e-redant.com

版　　次：2022 年 8 月初版　第一版第一刷
訂　　價：180 元

ISBN 978-986-5493-29-5 Printed inTaiwan